青少年
教育宝典

# 把挫折当挑战，成就坚强不屈的自己

NO STRUGGLE
NO YOUTH

迟晚晚 著

中国和平出版社
China Peace Publishing House
北京

**图书在版编目（CIP）数据**

把挫折当挑战，成就坚强不屈的自己 / 迟晚晚著．
-- 北京：中国和平出版社，2021.1（2023.10重印）
（青少年教育宝典）
ISBN 978-7-5137-1825-7

Ⅰ．①把… Ⅱ．①迟… Ⅲ．①成功心理—青少年读物 Ⅳ．①B848.4-49

中国版本图书馆CIP数据核字(2020)第131260号

青少年教育宝典 **把挫折当挑战，成就坚强不屈的自己** 迟晚晚 / 著

**编辑统筹** 张春杰
**责任编辑** 肖惠蕾
**责任印务** 魏国荣
**出版发行** 中国和平出版社（北京市海淀区花园路甲 13 号院 7 号楼 10 层 100088）
www.hpbook.com hpbook@hpbook.com
**出 版 人** 林 云
**经　　销** 全国各地书店
**印　　刷** 湖北鄂南新华印刷包装股份有限公司
**开　　本** 880mm×1230mm 1/32
**印　　张** 4.75
**字　　数** 146 千字
**版　　次** 2021 年 1 月第 1 版 2023 年 10 月第 2 次印刷
**书　　号** ISBN 978-7-5137-1825-7
**定　　价** 118.80 元（全 6 册）

# 前言
# Foreword

巴尔扎克曾说："挫折和不幸，是天才的晋身之阶，是信徒的洗礼之水，是能人的无价之宝，是弱者的无底深渊。"

现如今，很多人把挫折当作末日般的灾难。在挫折面前，他们尝试着逃跑，尝试着妥协，他们用尽浑身解数，只为避免自己受到打击和伤害。殊不知，挫折来自四面八方，总是在不经意间降临，躲也躲不掉。

挫折，如果注定了会与你不期而遇，那么，为什么你不选择迎难而上？

不妨把挫折当作一场磨炼，它是自己与自己的较量！当挫折来临时，要像勇士一样的生存——敢于直视惨淡的人生，敢于正视淋漓的鲜血。当你不再惧怕挫折，当你手中挥舞的宝剑切断你的懦弱，你才会明白成长真正的意义。

要知道，人生原本就是苦乐参半的，即使是再成功的佼佼者，也曾熬过无数个黑暗且无人问津的深夜。暂时的失意并不可悲，可悲的是一蹶不振，丧失了对生活和未来的信心。试想一下，如果每逢遇到一点儿小事就自怨自艾，那么如何才能突破自己、改变自己？

放宽心吧！少年。

人生之所以珍贵，是因为只能经历一次！放弃无谓的抱怨和挣扎，在有限的时间里多做有意义的事情。要明白“种豆得豆，种瓜得瓜”的道理，未来的你会收获怎样的硕果，全看今天的你是否为心中埋下的种子浇水施肥。

当你取得了一点儿小小的成绩，也不要因此而沾沾自喜，把优秀当作一种习惯，在能力范围之内，用更高的标准要求自己，提升自己。当机遇来临时，要牢牢地将它攥在手里，机遇不等人，同时，机遇也只留给有准备的人。

当你决定要去做某一件事情时，不要犹豫，更不要因为前路未知而半途而废。人生向来不是一道单选题，即使前方的道路荆棘满布，也不要忘记“条条大路通罗马”，要相信你依然可以重整旗鼓，继续前行。

切记！时刻保持自己最佳的状态，昂首挺胸，用一颗奋进的心英勇向前。人生这条路虽然艰难，但每一次成功绝非偶然，都必然是努力后产生的结果，而你的努力也绝对不会白费，时间是最好的证人，它会陪伴你，和你一起见证奇迹的发生。

从现在开始，审视自己、改变自己、超越自己，找寻属于自己的未来。不要故作坚强，也不要妄自菲薄，在成长中，“心魔”是最难以逾越的鸿沟，唯有自己说服自己，坦然地面对自己，你眼中的天空才会透彻、晴朗。

做一个内心强大的少年吧！

心中无敌，所向披靡。把挫折当作挑战，把成长当作目标，时刻期待着——在未来，与更好的自己相遇。

# 目录
# Contents

## 第三章 半途而废，就等于和成功挥手说“再见”



## 第四章 机遇，是改变人生的一大奇迹

## 第五章

## 沉得住气，你的未来，需要自己买单



## 第六章

## 在输得起的年纪，和不服输的自己相遇

# 内容简介

程石固执任性，爱钻牛角尖，因为初一期末考试的失利，他不顾家人的反对，坚持转到了新学校成为住校生。在寝室中，他结识了室友宋敢言、江柯和魏东东，性格迥异的三个少年在无形中给了他很多的帮助和鼓励，使得他战胜了心魔。后来，在同学孟嘉嘉、欧阳若芸等人的帮助下，程石重拾了自信，成了一名热爱生活、热爱学习的三好少年。

# 第一章
# 每一次跌倒，都是一次成长

## 少年，生活原本就是悲喜参半的

程石是一个转学生。

他一米七八的个头，身材健硕，棱角分明的脸上长着一双东方人特有的细长黑眸，再配上高挺的鼻梁和刀削似的薄唇，乍看之下像是童话中的王子，即使身穿的是蓝色校服，也依旧无法掩饰从他身上散发的那迷人的风采。

可纵使是个“王子”，程石也有他的烦恼。

这不，在开学之际，当同学们都在因为住校而兴奋不已时，只有程石一个人安静地坐在床铺上，不紧不慢地整理着他的衣物。睡在他上铺的魏东东俯下身子用手戳了戳他的肩说：“喂！今天晚上咱们寝室和202寝、203寝共同策划了一个‘狂欢会’，你要不要一起参加？”

“没兴趣。”程石缓缓吐出了三个字，头也没抬一下。

可是向来活泼开朗、喜欢交朋友的魏东东并不死心，他干脆爬下床，一屁股坐在了程石的身边，将他那张长着青春痘的脸凑到程石面前，“我听说你是从菁英中学转过来的？那可是全市最好的中学了，你为什么要转到这里来？”

“和你有关系吗？”程石冷眼一瞥，丝毫没有掩饰他心中的不愉快，“我劝你，不该问的不要问，小心好奇心害死猫。”

阴阳怪气的口吻，加上不友善的目光，顿时让魏东东起了一身鸡皮疙瘩。随后，自讨无趣的他嘿嘿一笑，转身找到了站在门口的宋敢言，不顾他正在和隔壁寝室的同学嬉笑打闹，自顾自地把他拉到了一边，压低了声音道：“宋敢言，咱们寝室新来的同学怎么感觉怪怪的……”

“大热天还穿着校服外套，是挺奇怪的。”说罢，宋敢言冲着一个拿着水壶准备打水的男生道，“喂！你是新来的吧，今天晚上的‘狂欢会’不见不散……”

“拜托，现在不是讨论‘狂欢会’的时候！”魏东东急忙打断了宋敢言的话，“现在最重要的事情是关心咱们的新室友。你想想看，初二这一年，大家抬头不见低头见，总不能从一开始就冷落人家吧？”

“我冷落他？”提起这一茬，向来爱恨分明的宋敢言气不打一处来，“依我看，那小子是故作高冷，从昨天到现在，他都没有主动和我们打过一次招呼，甚至连话都没说几句！我猜，他就是仗着自己长得帅，目中无人，自恃清高！”

“没、没那么严重吧？”魏东东尴尬地一笑，“我怎么觉得，他好像藏着什么心事。刚刚，当我提到他以前的学校菁英中学时，他的反应特别强烈，尤其是那难过的眼神，好像在排斥着什么，究竟是为什么呢？”

“‘魏什么’同学，你可不可以不要总是问‘为什么’？难道你是十万个为什么吗？我又不是《百科全书》，在我这里，找不到你想要的答案。”说完这句话，宋敢言摆摆手，“算了算了，你还是继续研究你的‘为什么’吧，我要去操场上找江柯踢足球了。”

目送着宋敢言潇洒离去的背影，魏东东只觉得心烦意乱。他想着，待会儿又要和程石共处一室，用怎样的开场白比较合适呢？想着想着，他壮着胆子走进寝室，故作轻松地咧开嘴，“中午我们一起去食堂吃饭吧，你喜欢吃什么，荤菜还是素菜？米饭还是面食？要不……吃比萨？呃……你为什么不喜欢说话呢？”

面对魏东东一口气问出的五个问题，程石猛地皱起了眉头，“有完没完？从昨天到现在，你一直都问个不停，难道你是‘十万个为什么’吗？”

“果然是英雄所见略同，大家都这么叫我，他们还给我起了个外号，叫‘魏什么’，魏东东的‘魏’，为什么的‘什么’。如果你喜欢，你也可以这么叫我，我不介意的。”一口气说了这么多，魏东东再一次凑到了程石的面前，见他将自己的床铺整理得干干净净，连书桌上的物品都整整齐齐的，他禁不住道：“你有洁癖吗？书上说，洁癖是强迫症的一种。我呢，平时不拘小节，拖拖拉拉，我也不知道我为什么会这么邋遢，你应该不会介意吧？”

魏东东“唐僧”一般念叨个不停，让原本就心烦意乱的程石一个头两个大。“你不仅喜欢问‘为什么’，还啰里啰唆。”说着，他指了指自己的上铺，“给你两个选择，要不，你安静地睡觉，要不，我走。”

“那……我还是安静一会儿吧……”魏东东撇撇嘴坐到了椅子上，难得消停了一会儿。只是就算如此，他的视线还是没有从程石的身上移开，他看着程石将叠好的衣服放进了衣柜，又见他将脸盆规规矩矩地放在了床底，终于，他又禁不住开口道：“程石，你是有什么心事吗？你看起来……有烦恼。”

霎时，程石的身子一颤，手上的动作也停了下来，“你怎么知道我的名字？”

“我去教导处问的，”魏东东实话实说，“虽然大家以前互不相识，但是有缘聚在同一个寝室，这就是上辈子修来的福分。我这个人比较热情，活泼开朗，是咱们寝室的‘气氛担当’；宋敢言人如其名，性格刚烈，但是一腔正义；江柯是个体育特长生，如果他不在教室也不在寝室，那一定是在操场或体育馆。我们三个人都很希望和你做朋友。”

“恐怕是你的个人想法吧，”程石讽刺地说，“只有你一个人对我感兴趣。但抱歉，我不是熊猫，不是稀有动物。”

“拜托，全世界只有一个程石，但却有很多只大熊猫。”魏东东对答如流，“况且，我是真的很想和你做朋友，看到你闷闷不乐的样子，我很想帮你分忧解难，可是……可是你对我并不信任……”

“我为什么要信任你？就凭你是‘魏什么’，从早到晚问个不停？”这下子，换程石满口“为什么”了，“我告诉你，我的事情，以后请你不要过问。”虽然还是强硬又冷漠的口气，但程石的眼神没有之前那么犀利了，取而代之的是躲闪和焦虑。

似乎是感觉到了气氛中微妙的转变，魏东东乘胜追击，缓缓开口：“程石，我不知道在你的身上发生过什么，但是我想要告诉你，人生，原本就是苦乐参半的，有开心的时候，也有不开心的事情；有得到的，必定有失去的。你是这样，我也是这样。”

“你懂什么。”程石嘀咕了一句，转身躺在了床上，没有了下文。

“我什么都懂，但又什么都不懂。”魏东东好像在说绕口令，“只是有一点我懂——这个世界上没有回到过去的时光机，时间还在继续，无论发生什么，都要向前看，否则，你浪费掉的，是当下的时间。”

魏东东的一句话如同一把锋利的匕首，字字扎心。霎时，让程石不知如何回应。“你是自作聪明。”说着，他懊恼地用枕头盖住了自己的头，“自以为是……”

“或许吧。”魏东东自嘲地一笑，“我或许不是聪明人，但我知道，真正的聪明人绝对不会因为往事而悔恨，他们积极乐观，就像海伦·凯勒，在我的眼里，她就是一个聪明人。”

是啊，无论过去发生过什么，那都已然成了不可改变的事实。做人，要学会把目光放长远，学会抬头挺胸向前看！毕竟，人生本来就是如此——有苦有乐，有得有失，就像是厨房中的调味品一样，只有聚齐了酸甜苦辣咸，才能做出一桌子满汉全席。

## 别抱怨，谁不曾跌倒千千万万次？

十一点整，在操场上踢了一上午足球的江柯，推开寝室的门走了进来。他浑身泥泞，膝盖也擦伤了一大片，不顾程石投来的诧异目光，他一个劲儿地抱怨道：“真是倒霉开门——倒霉到家了！那些个初一的小毛头，下一次我让他们吃不了兜着走！”

“消消气，”跟在江柯身后的宋敢言抱着足球，试图安抚他的情绪，“不就是输了一场比赛吗？有什么大不了的，以后的日子还长着呢。”

“我是学长，我不要面子的？”江柯越想越来气，干脆把脏兮兮的鞋子一股脑地丢在了床底下，“况且，他们使用‘阴招’，防不胜防！”

“阴招？什么阴招？”见怪不怪的魏东东边问，边不慌不忙地从抽屉里找到了消毒酒精，“我掐指一算，算到了开学这几天你们准保会受伤，所以，我特地把家里的消毒酒精拿了过来，没想到这么快就派上用场了。”

“他们要赖皮！”江柯拿过棉签，忍着痛将消毒酒精擦拭在了伤口上，“他们五六个人防守我一个人，就在我抬脚准备射门的时候，他们还用假动作迷惑我，我一个重心不稳才摔倒的，要不，他们不可能反败为胜。”

“那还是你自己不小心。”宋敢言不愧是敢言敢语的人，这个时候还不忘讲真话，“好了好了，吵也吵了，摔也摔了，你就别抱怨了，我耳朵都生茧子了。”

“就是，大家都是同学，理应和和气气的，就当打了一场友谊赛，友谊第一，比赛第二。”魏东东笑呵呵地劝解道。

“和和气气？友谊第一，比赛第二？”还在气头上的江柯简直不敢相信自己的耳朵。“喂，你们两个胳膊肘往外拐的家伙，到底是不是我的铁哥们儿了？”说着，他看向坐在角落里一言不发的程石，“新来的，你说，这件事情是不是我占理？”

“我？”程石指了指自己的鼻子，一脸的茫然。

“对，难道咱们 201 寝室除了你之外，还有第二个新来的吗？”江柯倒是没把程石当外人，“他们都觉得是我的问题，可是我觉得我没有错，你看起来最理智，你评评理，这件事情究竟谁对谁错！”

“这……”程石顿了顿，口气云淡风轻，“谁对谁错，和我都没有任何关系。只不过，事情已经发生了，不管谁对谁错，你即使抱怨再多也于事无补，而且，你的抱怨已经影响到了我的休息……”

“没错没错！”为了避免程石口不择言酿成大祸，魏东东急忙接过话，“无论谁对谁错，抱怨再多也无济于事。所以，你还是趁着食堂开门前，好好地洗个澡吧！要不然，你最爱的鸡腿就抢不到了。”

为了鸡腿，江柯暂时忍下了这口气，带着换洗的衣服去浴室里洗澡了。与此同时，宋敢言看向准备出门的程石，疾言厉色地道：“喂！你刚刚说的是什么意思？什么叫‘影响你休息了’，难道在寝室里，我们还不能说话吗？”

谁知面对宋敢言的质问，程石只撂下一句“断章取义，无理取闹。”就头也不回地走掉了。临了，他还狠狠地关了门，嘭的一声，吓了宋敢言和魏东东一大跳。

“就他这态度！你还想和他做朋友？”宋敢言猛地跺了跺脚，“真是莫名其妙，就好像人人都欠他几百万一样，他住在这里，还没经过我的同意呢！”

“哎哟，你刚刚还劝江柯不要抱怨，现在，你反而抱怨个不停。”魏东东抿抿嘴，一字一顿地说，“据我三百六十度无死角的观察，咱们的新室友其实是刀子嘴豆腐心，他啊，就是因为心里藏着秘密，才像刺猬一样的防着我们。”

“我们又不是老虎，还能吃了他不成？”宋敢言生着闷气，嗓门也加大了几分，“爱住不住，不住拉倒，换个寝室更好，免得我心里添堵。”

“你别忘了，程石不单单是我们的室友，还是我们的同班同学，说不定以后还是你的同桌呢。”魏东东提醒道，“俗话说得好，多个朋友多条路，多个敌人多堵墙。况且，程石在班级里一定很受女孩子的欢迎，和他做朋友，也不错。”

谁知听魏东东这么一分析，宋敢言的火气更大了，“长得帅了不起？话不会说，事不会做，空有一副好皮囊……”

霎时，魏东东捂住了宋敢言的嘴巴。“嘘！你可不能以貌取人，程石以前可是菁英中学的，那可是全市最好的中学，你想去都去不了！”说着，他神秘兮兮地压低了声音，“说不定，他是个低调的‘学霸’！”

“‘魏什么’，我终于知道你为什么对他这么感兴趣了，原来，你是想要‘开小灶’！”宋敢言眉梢轻挑，轻哼一声，“真是人不可貌相，海水不可斗量，防火防盗防室友，这句话是有原因的。”

“我、我说了这么多，还不是为了安抚你的情绪？”魏东东说不过宋敢言，干脆不再与他争辩。“在球场上摔倒了，爬起来就好，在交友上遇到了不如意，努力解决问题就好。你们啊，都不要抱怨了！”说着，他拿起了背包，“我要去食堂排队了，你们请便。”

是啊，在球场上摔倒了，爬起来就好，在交友上遇到了不如意，努力解决问题就好，为什么要抱怨个不停呢？魏东东的一句话惊醒了梦中人。只见宋敢言把脚下的球一踢，大度地摆摆手说：“算了算了，是我不对，错怪你了。”

“认错态度不错，行动表现还有待观察。”说着，魏东东打开门，“快点儿，不然等一下，鸡腿真的没了！”

“江山美人皆可抛，唯有鸡腿不能抛！冲啊！”这一刻，宋敢言又变成了往日里大大咧咧、不拘小节的宋敢言。事实证明，唯有把抱怨抛在脑后，脸上才会露出灿烂的笑容。

## 嘿！不要为自己贴上“失败者”的标签

开学的第一天，为了让新同学程石更快地融入初二（3）班的大集体中，班主任杨老师专门让孟嘉嘉做了他的新同桌。要知道，孟嘉嘉是班级里的生活委员，外号“孟大拿”，上知天文下知地理，总而言之，没有她解决不了的问题。

见杨老师给自己安排了一个小女生做同桌，程石显得有些不情愿。为了避免不必要的尴尬，他干脆把孟嘉嘉当成了透明人，对她视而不见。可是孟嘉嘉可不是好打发的人，她见程石有意避开她的视线，便一而再再而三地自我介绍：“嘿！程石，我叫孟嘉嘉，你听得到我说话吗？”

似乎意识到逃避是解决不了问题的，程石猛地放下手中的水性笔，耐着性子道：“我本以为那个魏东东已经非常啰唆了，没想到你更加难缠。”

“魏东东的确很喜欢问‘为什么’。”孟嘉嘉接过话茬，干脆讲起了魏东东的“光荣历史”，“还记得去年的历史课，历史老师心血来潮，和我们讲三国的故事，可是这个魏东东竟然举手问道，老师，为什么三国叫‘三国’，而不是叫‘四国’‘五国’，当时，我们笑得肚子都痛了。”

“无知，”程石轻笑一声，一字一顿，“三国是东汉与西晋之间的分裂对峙时期，因有曹魏、蜀汉、东吴三个政权，所以简称为三国，他这都不知道？”

谁知此言一出，孟嘉嘉愣了半天神：“不愧是菁英中学的学生，你懂得可真多！学习一定很优秀吧？”

“不要给我戴高帽，这只是最基本的历史常识，看过《三国演义》的人都知道。”说着，程石还加上一句，“我的学习成绩很差，尤其是语文、数学、生物、地理，就连美术和音乐都特别差。”

随之，孟嘉嘉自顾自地掰了掰手指，喃喃自语：“除了这几个科目，似乎初一也没有其他什么科目了。”

“所以，我的学习成绩非常差，”程石又重复了一遍，“我已经放弃学习了。”

“不要这样想，现在才初二，还有物理和化学的课程要增加，你要对自己有百分之一百的信心才行。”意识到了问题的严重性，孟嘉嘉干脆一本正经地开导起他来，“我的学习成绩在小学的时候也很差，尤其是英语，学了两年都不会发音，但是现在，我的英语每次都考全班第一。”

“那是你，不是我。”程石犀利的眼神一瞄，顿时让周遭的空气凝结了几分，“我最讨厌别人和我讨论学习。”

“那我们不说学习了，我们说一说学习态度，”孟嘉嘉嬉笑着，试图缓解尴尬的气氛，“老师说了，成功是一种态度，只要学习态度端正，学习就会有所进步，千万不要过早给自己贴上‘差生’的标签，往后日子还长着呢！”

“还在提‘学习’？”程石眉头皱起，显然有几分不悦，“这位同学，你是不是把我的话当作耳旁风。”

“啊，对不起……”孟嘉嘉急忙道歉，“那我不说学习态度了，我们说一说……”

殊不知孟嘉嘉的话还没说完，程石就找来了一支铅笔，以迅雷不及掩耳之势嘶的一声，在桌子的正中央画上了一道黑线，“往后，我是我，你是你，我们井水不犯河水，互不干涉，好吗？”

“三、三八线？”孟嘉嘉大跌眼镜，“亲，我还是第一次看到男生画三八线的，你也太……特别了吧？”

“你不知道的事情还多着呢。”说完这句，程石心满意足地掏出了一本漫画书，津津有味地读了起来。无奈之下，孟嘉嘉只能耸耸肩，认栽了。

午休时间。

孟嘉嘉第一时间找到了好朋友欧阳若芸，说道：“在咱们班里，你是最聪明的，快帮我想想办法，如何和那个奇怪的‘新邻居’和平相处，我发现他话不多，但是伶牙俐齿，嘴皮子比我还厉害，我根本就不是他的对手。”

“你是说程石？”欧阳若芸不厚道地笑出声，“他给我的第一感觉就是冷漠，对待冷漠的男生，光用你的热情是不够的，你还要用一些技巧，比如……”

“比如什么？”孟嘉嘉竖起耳朵。

“比如不动声色！”欧阳若芸竖起一根手指头，一脸的兴致勃勃，“你越是对他感兴趣，就越要和他保持距离，就像小说中的男女主角一样，这是一种欲擒故纵，结果往往事半功倍。”

听后，孟嘉嘉哭笑不得地摆摆手，说：“亲爱的，生活不是偶像剧，我也不是在写小说，什么保持距离，欲擒故纵，这根本就不靠谱！况且，他现在的问题很棘手，初二才刚开学，他就完完全全地放弃了学习，我要帮助他端正学习态度。”

“这么严重？”欧阳若芸这才端正坐好，收起了脸上的嬉笑，“如果真是这样的话，那就不好办了。”

“所以，我才找你出主意。”孟嘉嘉转回正题，接着道，“我无法想象，一个放弃学习的学生，学习成绩会有多糟糕，他的心里会有多阴暗。毕竟学习是学生的主要任务，不学习的学生，就像是吃饺子不蘸调料——少了点儿什么一样。”

“而且，这种心态很容易对以后造成影响，甚至耽误他的一生。”欧阳若芸认同地点点头，“我想，他一定是遇到过什么挫折，经受了致命的打击，所以才一蹶不振、自暴自弃，或许，和他的转学有关……”

“谁知道呢！”孟嘉嘉耸耸肩，“总而言之，我不希望他放弃学习，因为放弃学习和放弃自己没有什么区别。不管他经历过什么，我一定要帮助他走出心中的阴霾，一天不行就两天，两天不行就三天。”

“怕就怕你是多管闲事，人家根本就不领情。”欧阳若芸严肃地说。

孟嘉嘉现学现卖道：“他是他，我是我，我们互不干涉，所以，我所做的一切，和他无关，我只求自己心安。”她摇了摇欧阳若芸的手，又说：“亲爱的，我已经奔赴战场前线了，你总不能袖手旁观吧？”

见孟嘉嘉心意已决，欧阳若芸也只好妥协。她莞尔一笑，说道：“好吧，那我和你一起赶往前线，谁让我们是有福同享、有难同当的好姐妹呢！”

没错，无论曾经遇到过多少心酸坎坷，都不能自暴自弃、放弃希望，给自己贴上“失败者”的标签。在生活中也好，在学习中也罢，只要端正态度，重新起航，就一定会苦尽甘来，收获成功。

## 为欠佳的表现找借口，才是最幼稚的表现

江柯是体育特长生，经常因为贪玩而迟到，这不，他再一次“光荣而伟大”地迟到了……

或许是因为新学期新气象，今天的江柯和往日有所不同，他不但没有大摇大摆地走进教室，理直气壮地对着纪律委员高一诺说：“不就迟到了五分钟吗？有什么关系！”反而像是夹着尾巴的老鼠一样，灰溜溜地从后门回到了座位上，用乞求的

目光看向高一诺，希望她可以网开一面。

只是现实往往比较残酷。高一诺是一个严于律己，时刻保持理智的冷静少女，在她的眼里，一就是一，二就是二，即便是迟到了一秒钟，那也是不可原谅的。于是她小手一挥，又将江柯所在的小组扣了两分。

“唉……真是扫兴。”江柯坐在座位上自哀自怜，嘴巴一刻也不得闲，“如果我早知道我的校服上衣被我丢到了柜子里，早知道我忘记了整理书包，我就不会因为磨磨蹭蹭而迟到了……”

江柯的埋怨听起来似乎合情合理，但是这话传到他的同桌欧阳若芸的耳朵里，却变了味道。只听她轻咳一声，打断了江柯的絮絮叨叨：“喂！哪有那么多的‘早知道’？你应该对自己说，早知道今天会迟到，你昨天就应该放好自己的衣服、整理好自己的书包，如果不是你磨磨蹭蹭，也不至于迟到……”

欧阳若芸的声音又柔又小，乍听之下像是一只小蚊子在耳边嗡嗡地叫，可是她所说的每一个字，都像一把尖刀一样扎在江柯的心里。听到这儿，江柯不耐烦地摆摆手，眉毛一横，说道：“欧阳若芸同志，你就不要较真了，我已经够倒霉的了，请你不要泼冷水。”

“我泼冷水？”欧阳若芸眨了眨她那双标志性的桃花眼，粉嫩的薄唇不自觉地轻抿着，“我说的是实话，你看看咱们班的新同学，他和你是一个寝室的，可是他都是第一个到教室的，从不迟到。”

“别和我提程石！”一提起程石，江柯就一肚子气。要知道，正是因为昨天晚上程石在熄灯前锁上了寝室的门，才害得他在门外站了半个小时，被寝室老师骂。想到这儿，江柯深吸一口气，说道：“算了算了，我自认倒霉，你们女生都喜欢帅气的男生，我惹不起但躲得起……”

只是让江柯没有想到的是，一波未平，一波又起，他的气还没消呢，魏东东又探出头，在江柯的耳边附和道：“哥们儿，我倒是觉得欧阳若芸说得有道理，所以这件事，我站在她这一边。”

“什么跟什么啊！”江柯懊恼地转过身子，看向一脸嬉笑的魏东东，“拜托，你也叛变了！平日里称兄道弟，却在紧要关头火上浇油……难道我还不够倒霉吗？”

“依我看，你不是倒霉，你是在为你欠佳的表现找借口。”欧阳若芸毫不避讳，缓缓开口，“我的表哥和你一样，每一次在遇到问题的时候，下意识的行为不是自我检讨，而是找种种的理由和借口替自己开脱，告诉别人即便是出了错，也不是他自己的原因。所以，我常常说他是胆小鬼，是不敢承担后果的胆小鬼。”

“你的意思是说，我也是胆小鬼了？”江柯听到了关键词，质疑地皱起了眉头，一脸不悦。“因为被锁在了门外晚睡了半个小时是我的错吗？衣服不知道被谁塞进了衣柜里是我的错吗？”说罢，他顿了顿，“我觉得不是我的错。”

“看，你依旧在为自己的迟到找借口，”欧阳若芸耸耸肩，“不管你是什么原因迟到，只要你迟到了，让所在的小组扣了分，就是你的错。”

“这……”江柯撇撇嘴，没有了下文。

是啊，不管那些琐碎的小事究竟有错没错，但是迟到就是江柯的不对，这一点他无可反驳。似乎是意识到了问题所在，他默默地低下了头，深叹一口气，不再狡辩了。

魏东东安慰道：“哥们儿，知错能改，善莫大焉。知道问题出在了哪里，改好就是好样的。你要记得在睡觉前，放好自己的衣物，整理好自己的书包。只有这样，才能保证有充裕的时间，不再迟到哦！”

“可是……就算是我整理好了一切，还是会出现意外。”江柯嘀咕着，“我又不能避免意外的发生。”

“那从明天开始，我监督你，我们一起上学。”魏东东出了一个主意，“但是你要向我保证，熄灯前回到寝室，早上不赖床，只要闹钟一响，再困也要爬起来。只有养成了好习惯，才能避免再一次迟到。”

“那好吧，”江柯点点头，“我知道了。”

对于江柯来说，或许这个小小的插曲会影响他一天的好心情，但有谁可以否认，这不是一件好的事情呢？

犯错、知错、改错，这是一个成长的过程。在生活的历练中，尽管不尽如人意的事情常常发生，尽管总有人限制你的行为，对你的要求分外苛刻，但唯有这样，你才会进步，才会变得更有责任心，更有担当。

## 什么都拒绝，就什么都干不成

程石虽然只有十四岁，但是高大帅气，和同龄人相比，多了一丝成熟的味道，尤其是他单肩背着书包，匆匆行走在校园走廊里的时候，总有女生来围观，像极了偶像剧中男主角出场的场景。

这不，这天早自习，初二（5）班的李泽龙慕名而来，他轻轻地敲了敲门，对着在早自习的前排同学道：“你好，麻烦帮我找一下你们班的程石。”

见来者是一个站得笔挺的男生，程石犹豫了几秒钟，还是大步流星地走到了走廊里。只不过他的口气并不是很友善，一开口就给了李泽龙一个下马威："有事吗？我的漫画书还没看完。"

"你利用早自习的时间看漫画书？"李泽龙觉得眼前的程石不仅气度不凡，而且还非常另类，便伸出一只手率先做了自我介绍，"程石，你好，我是校园国旗队的队长——李泽龙，今天是专程来找你的。"

"找我做什么？"程石警惕地皱起眉头。

"我想邀请你加入国旗队，"李泽龙对答如流，"现在我们急缺一名国旗手，我听说初二刚转来的男生形象气质很符合我们的要求，今日特意来邀请你加入。"

"抱歉，没兴趣。"程石耸耸肩，转身就要走。

早有心理准备的李泽龙笑了笑，自顾自地道："中午十二点，国旗下见。"

教室里，孟嘉嘉一脸好奇地凑到了程石面前道："喂！刚刚李泽龙找你做什么？你该不会是得罪人了吧？他可是咱们学校有名的'拳王'，据说他的拳头比金刚石还要硬，他没把你怎么着吧？"

"你认识他？"程石没有回答孟嘉嘉的问题，反而反问道。

"除了初一的新生，有谁不知道李泽龙？曾经的他就像是现在的你一样，无人不知，无人不晓。"说着，孟嘉嘉又问道，"到底发生什么事了，你回来后一直黑着脸，难不成他嫉妒你抢了他'校草'的位置，前来示威的？"

"别胡说八道，我根本就不在乎那些……"程石懊恼地把脸转到一边，道出了实情，"他邀请我参加学校的国旗队，让我当国旗手。"

“天啊，那可是至高无上的荣誉！”说着，孟嘉嘉神神秘秘地压低了声音，“想当初，咱们班的宋敢言、江柯，还有其他两名男同学都想加入国旗队，但是都没有成功，你可真是太幸运了！”

程石云淡风轻地道：“我拒绝了。”

“为、为什么？”孟嘉嘉一愣。

“我没有参加过国旗队，连正步都不会踢，就算是加入了国旗队，也是暂时的而已，与其被淘汰，自取其辱，还不如一开始就有点自知之明，选择放弃，这样一来，选择权就在自己的手上。”程石一字一顿，慢条斯理地说道，乍听之下也有道理。

但是这话听到孟嘉嘉的耳朵里，就变了意思。她说道：“你连尝试都没有尝试，就选择放弃，这样一来，你什么事情都做不了。”

“无所谓。”程石耐着性子道，“‘孟大拿’，请问你还有其他的事情吗？你已经越过‘三八线’很久了。”

“啊，”孟嘉嘉急忙把胳膊肘往左边缩了缩，不死心地劝慰道，“你真的应该试一试！你不知道，每周一的早上，国旗队的队员们身穿制服一路护送着国旗走向升旗台的样子，有多英姿飒爽。”

“然后呢？”程石不为所动。

“然后……然后我想到了你在其中的样子，你一定可以成为万众瞩目的焦点！”孟嘉嘉眨眨眼，“要不，你还是试一试吧？要不然，我和你打赌！如果你没有成功加入国旗队，我请你吃火锅，如果你成功加入了国旗队，你请我吃个食堂餐就行了。”

在孟嘉嘉的鼓励下，程石在中午十二点准时来到了升旗台。李泽龙已经等候多时，他见程石没有爽约，便开朗地一笑：“我就知道，你一定会来的。”

“我是因为和同桌打了赌，又因为我刚好想要吃火锅。”程石没头没脑地说了一句，紧接着步入正题，“先告诉你，我不会踢正步。”

“很简单。”李泽龙化身为“小教官”，边说边做出了标准姿势。“左脚向正前方踢出，脚掌与地面平行，落地时要用力。双脚交替，腿要绷直，身体重心前倾。”说着，李泽龙向前走了两步，“手部动作也很简单，在摆臂时，肘部弯曲，小臂和地面平行，摆动的高度为第三颗纽扣处，就像是这样……”

国旗下，李泽龙挺胸抬头，正步向前，阳光洒落在他的身上，他看起来是那样的英姿勃发，威风凛凛。也就在这一瞬间，原本对国旗队毫无兴趣的程石油然而生了一种崇拜感，他竟然有想要试一试的冲动了。

没错，什么都不去尝试，就什么都干不成。虽然程石还不知道自己能不能成功加入国旗队，能够在国旗队待多久，但和起初自愿放弃的他相比，他的积极争取才是正确的决定。他的勇气，也是这天最耀眼的一缕阳光。

## 越努力的人，才会越幸运

功夫不负有心人。程石顺利入选了国旗队，同时，欧阳若芸的作文《越努力的人，才会越幸运》获得区作文比赛的一等奖。孟嘉嘉禁不住地竖起大拇指：“你们真牛。”

“运气好而已……”欧阳若芸向来谦虚。

“没错，但越努力的人，才会越幸运，归根结底，还是因为你的努力，才使得你足够幸运。”孟嘉嘉人小鬼大，转瞬间就言归正传，“话说，你为什么会写这样一篇作文呢？如果是我，我或许会写更加生活化的作文参加比赛，比如《我的奇葩同桌》。”

“哈哈哈……”欧阳若芸禁不住笑出了声，“如果《我的奇葩同桌》获了奖，你可就遭殃了！”

“也是，”孟嘉嘉露出了两个梨涡，“所以，我特别好奇你的灵感究竟来自哪里。难道，又是从电影中找的灵感？”

“没错！”欧阳若芸点点头，“前些日子我看了电影《杜拉拉升职记》，这个电影讲述的是职场女性杜拉拉通过自己的努力，多年后成长为一个专业干练的人事经理的故事。我从她的身上，看到了我曾经的笔友的影子……”

欧阳若芸没有说谎，曾经她真的有一个名为“糯米不开花”的笔友，比她大五岁。从小，家境贫寒的“糯米不开花”生活在乡下，和爷爷奶奶相依为命，又因长相平凡，所以非常的自卑。

机缘巧合之下，她和欧阳若芸成了笔友。在信中，“糯米不开花”知道了大城市的繁华，知道了什么是图书馆，什么是电影院。在欧阳若芸的鼓励下，她立志要好好学习，早日在大城市安家立业，带着爷爷奶奶看看外面的世界。

只是，对于一个没有条件读书的女孩子来说，学习是一件非常奢侈的事情。她每天要走两公里的路去学校，用的是别人扔掉的课本；业余时间，还要帮助年迈的家人做农活。但即便如此，她还是铆足了劲儿在夜里挑灯读书。

说到这儿，欧阳若芸深叹一口气：“我真的替她感到惋惜，如果她出生在城市里，那该有多好。”

“后来呢？”孟嘉嘉扳起手指头想了想，“她既然比你大五岁，现在应该已经在大学读书了吧，她考上大学了吗？”

“她考了两年，”欧阳若芸没有再卖关子，“最后，她终于考上了市里的大学，据说，还入选了学生会。”她看着孟嘉嘉，接着说：“看完电影之后，我就想到了她。我想一个不怎么漂亮，家境又贫寒的女孩子都能通过努力改变自己的命运，我们出生在大城市，从小衣食无忧，还有什么资格抱怨命运的不公呢？于是，我就写了这一篇作文，我希望更多的人知道她的故事，学习她的坚强。”

“小小的身体里有大大的能量，确实很令人敬佩。”孟嘉嘉认同地点点头，“看来，我也要向她学习，学习她坚持不懈、勇往直前的精神。或许，这就是书上所说的——天助自助者，成功者自救。”

就在说话的时候，江柯回到了座位，见孟嘉嘉和欧阳若芸聊得正欢，他禁不住插言道：“你们聊什么呢？你们要向谁学习？”

“我的一个笔友，说了你也不认识。”欧阳若芸卖了个关子，随之转移了话题，“你的足球最近训练得怎么样？我听说校园足球队下个月要去市里参加比赛，你是队长，一定会带队参加比赛吧？”

“那是当然……”江柯拍了拍胸脯，“包在我身上，必胜！”

欧阳若芸端正坐好，一本正经地道：“江柯，我劝你还是不要得意忘形的好。你要知道人外有人、天外有天，你的足球踢得好，不代表别人踢得不好。小心这一次连三甲都进不了！”

“真是煞风景……”江柯嘀咕道，“我告诉你，这一次稳赢，没有任何悬念。”

“为什么？”孟嘉嘉眨眨眼，“比赛还没有开始呢，难道你有预知未来的本事？”

“差不多吧！”说着，江柯从口袋中掏出了一枚硬币，“看到这枚硬币没有？我昨天晚上在足球场上对它说，如果这一次足球比赛我们能得冠军，就朝上，如果不能得冠军，就朝下。我一抛，你们猜怎么着？”

“朝上。”欧阳若芸无奈地摇摇头，“那都是偶然，正面和背面各有一半的概率，自欺欺人罢了。”

“才不是呢，我很虔诚的。”江柯不以为然，还炫耀地把硬币在欧阳若芸的眼前晃了晃，“你看，我用牙刷把它刷得干干净净，从今天开始，它就是我的‘幸运符’，我不许任何人对它不敬！”

可欧阳若芸却不信江柯的这套说辞，见他一脸洋洋得意的神情，她便禁不住泼冷水：“好啊，既然它是你的‘幸运符’，那么你当着我们的面再抛一次，如果这一次它依旧正面朝上，我就相信你。”

江柯是个急性子，最见不得别人质疑他，似乎是有意证明他的“幸运符”是真实存在的。只见他二话不说，将那枚硬币放在手心，紧接着双手合十，嘀嘀咕咕个不停，这才猛地往天上一抛。只听叮当一声，硬币不偏不斜地落在他的课桌上，只不过这一次，竟是背面朝上。

“怎么可能！”江柯难以置信地瞪大了眼睛，“这次不算，我再来一次。”

“不管你再来多少次，背面也会有百分之五十的概率是朝上的。”欧阳若芸笑着道，“江柯啊江柯，你真的太幼稚了。你宁可相信子虚乌有的‘幸运符’，也不相信你自己。其实，只要你带领团队坚持练习，当球技提升时，自然会取得好的成绩。”

“是啊，我劝你，还是好好训练，不要把时间浪费在这些乱七八糟的事情上了。”孟嘉嘉附和道，“毕竟，上球场踢球的人是你，而不是这枚硬币，是赢是输，和它没有任何关系，而是你们自己决定的。”

不知是因为孟嘉嘉和欧阳若芸一唱一和过于咄咄逼人，还是因为觉得她们的话有几分道理，原本自信满满的江柯竟然语塞了。他大手一挥，故作镇定地道：“你们放心吧！就算是没有‘幸运符’的庇护，我也一定能赢，别忘了，去年也是我带领球队赢得冠军的！”

“我欣赏你的自信。”欧阳若芸点点头，“这个世界上虽然没有‘幸运符’，但是越努力的人，就会越幸运。我相信，你的努力，一定会带给你幸运的。”

没错，与其浪费时间在毫无意义的事情上，不如付出实际行动，不遗余力地证明自己的真实能力。人生的路要自己走，成功的果实要靠自己去摘取，正所谓越努力的人，才会越幸运。

## 人生之所以珍贵，是因为只能经历一次

这个周末，程石一个人搭乘电车回到了家中。

程石有个比他大三岁的亲姐姐，名叫程雨蒙。她和程石不一样，她性格温婉，乐观积极，是一个品学兼优的孩子，她的梦想是做一名老师。得知程石要回家，她一早就准备了满满一大桌子的饭菜，准备好好和亲弟弟谈谈心。

十一点整，程石拖着疲惫的身子走进门来，他见沙发上只有程雨蒙一个人，便随口问道：“咱爸呢，在书房？”

“他一早就到省作协开会了，”程雨蒙边说，边递上了早就

准备好的湿毛巾，“擦擦手，我等你等到肚子都咕噜噜地叫了。”

“他可真忙，一个多星期没有见到他的亲儿子了，还去开会，见他一面，比见明星都难……”程石擦过手，顺手把毛巾放在了茶几上，“那我下一周的零用钱……”

“给！”程雨蒙从口袋中掏出了五十元，啪的一声放在椅子上，“咱爸说了，他去年完结的网络小说《绝望前的黎明》在省里获了奖，所以近期要到省里参加会议和活动，还请你见谅。”

“算了算了，”程石摆摆手，“谁让咱爸是网络小说作家，我又是他的儿子呢！”

程雨蒙凑到了程石的身边，转移了话题：“住校的生活怎么样？和你的室友相处还愉快吗？看你的样子，好像不开心啊！”

“凑合吧。他们有的性格开朗，喜欢讲笑话，还总爱问‘为什么’；有的爱好体育，天天在操场上踢足球，晒得比炭还要黑；有的性格大大咧咧，臭袜子满地扔，天天和别人称兄道弟；就我一个人无所事事，得过且过。”说着，程石深叹一口气，“住校的生活也就那么回事，没意思。”

“你应该向我学习，时刻对未来抱有希望。”程雨蒙开导道，“你不能因为那件事儿，自我放弃，妄自菲薄。”

“我又不是你——年年是市里的三好学生，是‘别人家的孩子’。”程石对答如流，“我就是一个普普通通的学生，甚至有些不自量力，我现在只想不被人打扰，安安稳稳地度过我的初中生活。”

“可是你以前是一个好胜心极强，对任何事情都充满热情的人。”程雨蒙一字一顿，“我还记得你小的时候，最喜欢的事情就是炫耀你的奖状，你恨不得在我的房间里也贴上你的奖状，那些奖状呢？”

“放仓库里了，估计已经发霉了。”程石别过视线，看向窗外，“以前是以前，现在是现在，姐，别劝我了，你就让我自生自灭吧。”

听到这儿，程雨蒙只觉得自己的胸口一阵发闷。她不知道为什么，从小逞强好胜、处处要强的程石，会变成如今这般颓废的模样。比起惋惜，她更多的是心疼，她试图唤醒他，但却无能为力。随之，只听程雨蒙喃喃道：“咱们的邻居黄阿姨，前几天去世了。”

“什么？”程石仿佛遭到晴天霹雳，“她还那么年轻，孩子才四岁！”

“是癌症。”程雨蒙强忍心中的悲痛，故作轻松地道，“黄阿姨一生要强，得知自己患了癌症后，还去考了雅思，只可惜她永远都没有出国学习的机会了……”说到这儿，程雨蒙语重心长地道：“人生之所以珍贵，是因为只能经历一次，黄阿姨还有那么多的事情没有完成，一定留有很多的遗憾吧。”

是啊，人生之所以珍贵，是因为只能经历一次。当生命结束，那些想做而又没有做的事情，也只能变成永久的遗憾了。霎时，程石泪湿眼底，不知道为什么，他竟在这一瞬间，意识到了生命的可贵。

吃饭的时候，程石把最爱的红烧肉夹入口中，却觉得索然无味。“姐，”他缓缓抬头，看向程雨蒙，“我现在的样子，是不是特别讨人厌？”

“啊？”程雨蒙一愣，莞尔一笑，“当然没有，我的弟弟在我眼里永远是最棒的。只是你还需要时间去思考，我相信你一定可以战胜自己、重拾信心的。”

“真的吗？”程石连自己都不相信自己。

“当然是真的了。”程雨蒙点点头，“谁没有一段失意的过往呢？但是好好想一想，生活还得向前看。人生在世，每一分每一秒都是唯一的，不可重来。其实，从我们出生的那一刻起，时间就开始了倒计时，在有限的时间，能够完成多少梦想，还要看自己的努力，没有人能够帮助你。”

程石放下碗筷道：“是这个道理，可是……”

“没有‘可是’，就如同没有‘如果’一样，人生只能经历一次，它是那么的宝贵，我们不能无所事事地过一辈子。”说罢，程雨蒙将排骨放入程石的碗中，“好了，不要胡思乱想了，你现在的任务是好好学习，不要分心。”

这一次，程石没有狡辩。虽然此时此刻他还不知道程雨蒙的良苦用心，但是黄阿姨忽然去世的消息，给了他深深的触动。生命真的如此可贵吗？他在心里反复地想，但始终没有答案。好在，不知不觉间，他已经重新开始审视“生命”这两个字的含义了，同时，也开始重新审视自己了。

# 第二章
# 把优秀当成一种习惯，每天进步一点点

## 不要因为考了一次九十分就沾沾自喜

这天放学后，201 寝室发生了一件大事。

当时，宋敢言因为数学单元小考考了九十分，就得意忘形地站在了椅子上，冲着寝室的其他三位室友手舞足蹈做了一首打油诗："九十高分又到手，本帅心情无敌好，零食小吃我请客，出门右拐商店见！"

看着宋敢言滑稽的样子，魏东东捧着肚子笑出了声："宋敢言，你此时此刻，就像是游乐园里的'小丑'，太搞笑了！"

"有钱难买我乐意！我乐意啊我乐意！"宋敢言又是跳了跳，随后把视线放在了背对着他的程石身上，"喂！程石，你倒是说句好话啊！'拿人手短'的道理你懂不懂？"

谁知程石头也不抬，撂下一句"抱歉，我不吃零食"，转身就准备走出寝室，可就在这一刻，悲剧发生了……

只听咣当一声巨响，宋敢言一个重心不稳，狠狠地摔倒在地上。他的胳膊磕到了床脚，当时就乌青一片，膝盖也见了血，强烈的痛感让他动也不能动。见况，三个大男孩齐心协力地把他抬到了医务室，经诊断，宋敢言肘关节、膝关节等多处软组织挫伤。

由于江柯着急去操场进行训练，魏东东又临时被寝室老师叫去问话，所以，医务室里只剩下程石和宋敢言两个了。此时此刻，宋敢言躺在病床上，他的右腿和左胳膊都被缠上了纱布，一脸的"衰气"，和刚刚沾沾自喜做打油诗的他判若两人。

程石呢？他一脸冷漠地站在一旁，从头到尾没有说一句话。似乎是觉得两个人大眼瞪小眼，气氛有些尴尬，宋敢言故作没事人一样对着程石清了清喉咙说：“你也回去吧，我一个人可以的。”

谁知此话一出，程石噗嗤一下笑出了声，“就你？”

“笑、笑什么……”宋敢言抿抿嘴，心里没了底气，“不、不就是摔了一跤吗？前几天，江柯还在球场上摔了个‘满嘴是泥’呢！我也只不过是不小心，鬼知道那椅子一边高一边低……”

“满招损，谦受益。”程石脱口而出，“说一千道一万，你就是一时得意忘形，别怪椅子。”

“你这个没及格的人，是嫉妒我考了九十分吧？”宋敢言快人快语，一点儿都不留情面，“有本事，下一次单元小考你也考个九十分给我看看。”

“九十分而已，有那么难吗？”程石不为所动地眨眨眼。“我当初可是……”猛地，他顿了顿，把接下来的话吞到了肚子里，硬生生地转移了话题，“总而言之，你不应该因为考了一次九十分就忘乎所以，这不，乐极生悲了。”

“说得好像你的学习成绩很不错似的，还不是和我差不多，稳居班级的中下游？”宋敢言哼了一声，没有了下文。

也是，程石低下头，想到最近一直下滑的学习成绩，心中有万般的无奈也不知道从何说起。要知道，他以前可是一个学霸，人送外号“数学小王子”，但因为一次比赛的失意，他一蹶不振，才变成了如今这个样子。

往事不想再提，程石深叹一口气，缓缓开口：“我和你不一样。”

“巧了，我和任何人都不一样。”宋敢言翻了个白眼，对答如流，“如果我和别人一样，那这个世界上岂不是有千千万万个宋敢言，千千万万个我了？那该有多无趣……”

“你偷换概念，”程石抬起头，想了半天竟无力反驳，“我说的不是这个意思。”

“那是哪个意思？总而言之，你就是忌妒我能考九十分，而你却考不了。”说着，宋敢言猛地一抬手，却不料疼痛加剧，让他啧了一声，连五官都扭曲到了一起，“真疼！”

“我刚刚说什么了？不要得意忘形，小心乐极生悲。”程石严肃地说，“现在，你最主要的任务是好好休息，其他的事情，先放到一边吧。”

面对程石的批评建议，宋敢言心里一千个一万个不乐意，但又不得不承认，他说的有几分道理。仔细想一想，如果不是因为一时的得意，站在高高的椅子上炫耀，自己就不会受伤，更不会像个“木乃伊”一样躺在这里了。

可是，现在后悔又有什么用呢？悲剧已经发生了，唯一能做的，就是吸取经验教训，避免重蹈覆辙。只可惜，宋敢言天生就是大大咧咧、不拘小节的性格，让他学会收敛，比让他上天还要难，悲哀啊悲哀。

## 自信是好事，但过于自信就会坏事

就在这时，只听咔嚓一声，不知道谁将医务室的门打开了，见来者是一个拄着拐杖，走路一瘸一拐的男生，宋敢言禁不住问道：“你的腿……怎么了？”

“骨裂。”男孩如实回答，“前几天我和同学比赛跑四百米，不小心摔的。”

“天啊……”宋敢言看看他的腿，再看看自己的腿，说道，“我们简直就是一对难兄难弟，同是天涯沦落人啊！”

“难道你也是因为打赌，心有不甘才乱了分寸？”男生边说边坐到了椅子上，等待医务老师的到来。

“那倒不是……”

宋敢言不想再提起这个话题，干脆轻咳一声，对着一言不发的程石使了个眼色，似乎在暗示程石替他保密。可程石却不吃这一套，只见他起身关上了医务室的门，顺带说了一句：“他是自己摔的，没有人和他比赛。”

“那你下一次可要小心了，”男生一脸的天真，“千万不要随随便便说大话，我就是前车之鉴。”

说大话？

宋敢言和程石面面相觑，随之，只听宋敢言问道：“什么意思？”

“都是因为我过度自信，说了大话，”男生解释道，“在开学军训的时候，我曾和同学夸下海口。我说，我跑四百米至今没有遇到过对手，还一时忘乎所以向班里男生发起了挑战，殊不知我们班有一个男生是体育特长生，最擅长的就是跑四百米，所以我……”

“你输给了他？”宋敢言接过话。

“输得彻彻底底，”男生点点头，“我因为太想赢，所以从起跑那一刻起就用尽了全身的力气，可跑四百米需要技巧，尽管我一开始暂时领先，但后来还是因为体力不支被他超越了，我一时心急慌了神，就摔倒了。”

“原来是这样。”宋敢言惋惜地开口道，“你如果能够心平气和地比赛，结果也不会这么糟，说不定还会赢呢。”

“所以，我才说都是‘说大话’惹的祸，如果当时我没有说大话，也不至于因为害怕失败而发挥失常了。”说罢，男生深吸一口气，“现在好了，我不能跑步了，面子也丢光了，输惨了……”

时间仿佛放慢了速度，气氛变得尴尬起来。好在这时，魏东东及时出现了，只见他拎着两瓶矿泉水，一瓶递给宋敢言，一瓶递给程石，这才赔着笑张口道：“抱歉，寝室老师把我叫去了解情况后，我又被数学老师叫去了办公室，这才耽误到现在。”

“不会吧……”宋敢言咽下了因忐忑而滋生的唾液，“这件事情已经传到了数学老师的耳朵里了？这不等于全世界都知道了吗？”

“数学老师不知道你受伤了，他找我，是专程批评我的。”魏东东顿了顿，“都怪我，在考试前向老师夸下海口，说一定会考到九十五分以上，可是结果我才考了七十分，真是丢人丢到姥姥家了。”

“谁让你总是喜欢说大话，做事不考虑后果。”宋敢言现学现卖，“真是丢人丢到姥姥家了！”

“我以后不会了。”魏东东尴尬地一笑，“自信是好事，但是过度的自信就会坏事。以后，没把握的事情我是绝对不会说得信誓旦旦的了，否则，就等于挖个坑自己跳，最后，吃的一嘴巴都是泥。”

“就像那天的江柯？”宋敢言忽然想到了江柯的囧样，竟没心没肺地笑出声。

“哎哟，大少爷，你现在这个样子，就不要嘲笑别人了，”

魏东东吐了吐舌头，看向程石，“谢谢你，帮我们照顾宋敢言，他……没有为难你吧？”

“啊？”程石一愣，“没有。”

“拜托，我怎么可能会为难他？”宋敢言挑挑眉，“只不过这小子，性格的确够拽，说起话来字字带刺，让人猝不及防，我险些招架不住。”

“呵！我说的都是实话，古人云，忠言逆耳利于行。”终于，一直不吭声的程石开了口，“如果你不喜欢听，以后我就不说了，免得浪费口舌，自讨没趣……”

“别，想说你还是说吧，真是怕了你了！”宋敢言摆摆手，不料胳膊肘又是一阵疼痛，“总好过你在寝室里一言不发，像个会移动的木头桩子，大晚上怪瘆人的……”

“就是，”魏东东急忙应和，“大家都是同学，又都是室友，以后还是要相互沟通、相互帮助才对。”他看向程石，对他说：“程石，这一次你帮助了宋敢言，等到下一次，就轮到宋敢言帮助你了，只有这样，才像是好朋友。”

谁知程石站起身，自顾自地走向窗前，没理会他。“我才不会像他那么毛手毛脚呢。”说着，他转过身子，看向宋敢言受伤的膝盖，“医务老师说了，少运动，多休息，尤其是膝关节，如果恢复不好，会留下后遗症。”

他忽然的关心让宋敢言愣了三秒钟，沉默了半晌，这才像小鸡啄米似的点点头，说：“我、我知道了。”

看着程石离去的背影，魏东东对着宋敢言道：“你看，我早就说了，其实程石并没有表面上看起来那么高冷，他的心地还是很善良的。以后，你们一定要好好相处，这样，作为寝室长的我，才安心。”

“和他做朋友，我还是考虑一下吧。”宋敢言撇撇嘴，只不过说这话的时候，他的心里暖洋洋的，就好像窗外的夕阳，映在天边红彤彤的一片……

## 允许他人犯错，也允许自己犯错

孟嘉嘉向来乐观开朗，热情助人，但是今天不知道怎么了，她一大清早就坐在座位上闷闷不乐，就连程石越过了“三八线”，她都像是一个木偶一样纹丝不动，似乎是经历了什么沉重的打击。

程石不是多事之人，但是此情此景，着实不同寻常。他冲着孟嘉嘉轻唤了一声：“喂！你没事吧？”

“有事。”孟嘉嘉猛地一挤鼻子，眼眶红了一大片。

“别、别、别！别哭啊！”程石最怕的就是女生流眼泪了，“有什么话好好说，别人不知道的，还以为我欺负女生呢！我可不背这个大黑锅……”

“我没哭，”孟嘉嘉深吸一口气，转眼看向程石，“告诉你也无妨，我昨天下午犯了一个天大的错误。”

“天大的错误？那是怎样的错误？”程石一时之间竟觉得有些好奇。

孟嘉嘉郑重其事地点点头，硬生生地把眼泪给憋了回去。“昨天下午，我帮助语文老师拿试卷，可是我太迷糊了，竟然走错了办公桌，把历史老师的试卷拿了过去，于是那节自习课，初二（6）班的同学做的是历史试卷。”

“不、不会吧……”程石仿佛在听一个故事，“然后呢？”

“更糟糕的是，那些历史试卷是历史老师当天晚上给初二

（5）班派发的作业，要不是他找不到试卷，又听说初二（6）班做了历史试卷，他还一直被蒙在鼓里。所以当天，那些语文试卷只能当作初二（6）班的随堂作业了，都怪我，打乱了两位老师的计划，还害同学们多做了一张试卷。”

“听起来确实有点儿严重……”程石想了想，随后问道，“语文老师因为这件事情批评你了？所以，你才闷闷不乐的，像是丢了魂儿一样。”

“语文老师确实找了我，但是他没有批评我，只是告诉我下一次不要再犯这么迷糊的错误。”孟嘉嘉喃喃着，低下了头，“可是，我没有办法原谅我自己，我平时做事小心谨慎，就连主持升旗仪式都没有出过差池，为什么在一件小事上出了差错？真是太不应该了。”

“你别太自责，语文老师都没怪你，你就不要庸人自扰了。”说着，程石自顾自地把书包中的课本塞到了课桌里，拿起漫画书看了起来。只是几分钟过去了，他发觉孟嘉嘉还是一动不动地坐在那里。“喂！”他再次开口，“一点儿小事，有完没完啊？”

“没完。”孟嘉嘉一字一顿，“语文老师原谅我，是因为他宽容大度，不斤斤计较，但是问题出现在我身上，做错了就是做错了，我没有办法当作什么事情都没有发生，我真的很痛苦。”

“‘孟大拿’，你不是什么都行吗？为什么偏偏在这么小的一件事情上想不通呢？”程石苦口婆心地说道，“语文老师可以对你宽容，你为什么不能对自己宽容一点儿，小事化了呢？”

“对自己宽容？那不是纵容吗？”孟嘉嘉想不明白，“纵容自己犯错，那和知错犯错有什么区别？”

“你又不是故意的，怎么会是知错犯错呢？况且，这本来就是一件芝麻大的小事，不会对任何人造成影响，就连做错了试卷的同学们都不知情。”程石分析道，“你如果因为这一点儿小小的失误就否定自己，那才是大错特错，迷糊过头了呢！”

“可是……”孟嘉嘉吞吞吐吐，半天也没有说出个所以然来。

“没有那么多‘可是’。”程石提示道，“你还记得上一次书法课吗？宋敢言不小心把墨水洒在了你的书包上，如果换作是我，我早就发脾气了，可是你只是笑了笑，说了一句‘没关系’。别人的错误和你的错误，这两者都是错误，你应该一视同仁，你允许他人犯错的同时，也要允许自己犯错；你可以原谅他人的错误，也要学会原谅自己的错误。”

“所以，这件事情就这么过去了？”孟嘉嘉眨眨眼，不再辩驳。

“以此为戒，下不为例。”程石吐出八个字，又接着看他的漫画书了。

阳光把程石的侧颜勾勒得分外柔和，不知道是不是错觉，在这一瞬间，孟嘉嘉竟看到了程石内心柔软的那一面。霎时，她顿了顿，缓缓开口：“程石，你今天和我说的话，比你平时多十倍！”

“还不是怕你哭。”程石头也不抬，嘀咕了一句，“女孩子，就是麻烦。”

真的是这样吗？孟嘉嘉在心里问自己，但无论如何，在程石的开导下，她的心结已经被解开，心情也豁然开朗了。是啊，宽容的人会原谅他人的小过错，同时，也要学会宽容自己的小过错，毕竟是人都会犯错，不是吗？

## 别人即使再优秀，也与你无关

这天下午，程雨蒙来到了程石所在的学校，但她不是来“突击检查”的，而是给英语公开课的外教老师做助教的，所以当程石在教室看到自己的亲姐姐手握着话筒时，他真想要找个地洞钻进去。

不得不承认，程雨蒙虽然只有十七岁，但她成熟得像个大人——此时此刻，站在讲台上的她毫不怯场，不仅游刃有余地把控着流程，还说着一口流利的英语，让人刮目相看。

公开课结束后，程雨蒙第一时间在教室外找到了程石。“Surprise！”她笑着招招手，“惊不惊喜，意不意外。”

何止是惊喜，简直就是惊吓！程石心里这么想，但是嘴上没有这么说，见周围的同学陆陆续续走光了，这才把程雨蒙拉到了角落里，小声道：“姐，你来我们学校做助教这件事情为什么不提前和我商量？”

“我也是临时上‘战场’，充人数的。”程雨蒙解释着，“如果不是助教老师临时有事，我也不会有做助教的机会，要怪就怪你们学校，找谁上公开课不好，偏偏邀请了我们学校的外教老师，我又刚好是英语课代表。”

“得得得，每次我说一句，你都有十句等着我，还句句有理。我说不过你。”程石懊恼地摆摆手，“好在没有人知道我们之间的关系。”

“怕什么，”程雨蒙大为不解，“难道你的姐姐我会让你丢人吗？”

程雨蒙的话音刚落，碰巧路过的孟嘉嘉和高一诺闻声而来。“什么情况？”高一诺扶了扶鼻梁上的近视眼镜，“这、这不是刚刚的助教姐姐吗？你们……”随之，她看向黑着脸的程石，上下打量了一番，说道：“你们长得可真像。”

经高一诺这么一提醒，孟嘉嘉也觉得眼前这对少男少女有些神似。猛然间，她想起了程雨蒙在开场前做的自我介绍。“啊……”她恍然大悟，“如果我没记错的话，姐姐，你和程石一样，也姓程。”

似乎是意识到了程石的不自在，程雨蒙急中生智地摇摇头，强颜欢笑道：“巧合，都是巧合，我们只是……”

“她是我的亲姐姐程雨蒙。”没承想程雨蒙的话还没说完，程石就果断地说明了他们的关系。他犀利的眸子一眯，冷冷地下了逐客令：“现在你们可以走了吗？”

“啊？”孟嘉嘉一愣，看向同样不知所措的高一诺，“我们只是问问罢了，没有任何恶意。”说着，她看向程雨蒙，转移了话题：“姐姐，你还是个高中生，就做了英语助教，真厉害！”

一听这话，原本心里就不是滋味的程石只觉得心头一阵怒火，见孟嘉嘉和高一诺依旧没有离开的意思，他毅然决然地转过身，留下了一句“你们不走，我走”，就头也不回地离开了。

走廊里，孟嘉嘉犹豫再三，还是小心翼翼地停在了程石身边，她壮着胆子道：“程石，你放心，我和高一诺会帮你保守这个秘密的，我发誓，除了我俩不会有第三个人知道你们之间的关系。”

“随你。”还在气头上的程石转过身子，故意对孟嘉嘉不理不睬，可正是他这个不同寻常的举动，让孟嘉嘉多了几分好奇，“你平时和你姐姐的关系不好吗？难道……你们正在吵架？”

“没有。”程石又吐出了两个字，这才后知后觉地咦了一声，“‘孟大拿’，你越来越向‘魏什么’看齐了，总是问东问西，问一些和自己无关的事情，你的嘴巴不嫌烦，我的耳朵还嫌烦呢。”

“我只是羡慕你。”孟嘉嘉眨眨眼睛，没头没脑地说了一句。

“羡慕我？”程石指了指自己，仿佛听到了一个冷笑话般地冷哼一声，“别开玩笑了，一点儿都不好笑。”

“我是认真的。”孟嘉嘉一本正经的样子看起来不像是在说谎，“你知道吗？我是独生女，小时候最羡慕的就是别人有一个哥哥，或是有一个姐姐了，但这是我一辈子都没有办法实现的愿望，而你，却轻而易举地拥有我渴望的一切。”

“你太天真了！”程石轻笑一声，有感而发，“如果你有这样一个姐姐——她琴棋书画样样精通，每年都被评选为市里的三好学生，奖状塞满了整个书柜，还是个不偏科的‘学霸’，你就会觉得，这简直是一场灾难。”

“怎么会呢？这样多好，以后有不懂的难题，就不用一个人伤脑筋了。”孟嘉嘉看着程石说，“照我看，你这是身在福中不知福，船在水中不知流。”

“说你天真，你还真天真。”程石摇摇头，“如果你真有这么一个姐姐，她样样比你优秀，简直无懈可击，你就会感到莫名的压力，这种压力会让你喘不过气来，你想超越她，但又无能为力。”说到这儿，程石顿了顿，“你知道吗？从小到大，我最常听的一句话就是‘向你姐姐学习’。”

听到这儿，孟嘉嘉总算明白了程石心中的芥蒂。她禁不住笑出了声，说：“程石，就算你姐姐样样比你优秀，那和你又有什么关系呢？她是她，你是你，个人有个人的活法，你活不成她的样子，她也活不成你的样子，你为什么要因为她和自己置气呢？”

“我没有。”程石硬着头皮，没有了下文。

“还说没有，你的‘在意’全部写在了你的脸上，一清二楚。”说着，孟嘉嘉撇撇嘴，“依我看，你完全是在自寻烦恼，你应该转变自己的心态，热爱这个世界，同时也热爱自己，否则，你永远都快乐不起来。”

没错，人与人之间是相互独立的个体，即便是有血缘关系，也各自存在，何必因为盲目的攀比导致心中不快呢？即便是感受到了压力，也无可厚非，压力可以转化为动力，而不是变成自暴自弃的怨气，不是吗？

猛地，程石看向孟嘉嘉道：“你到底有多大？”

“哈？”孟嘉嘉一愣，“我和你一样，十四岁。”

“那为什么你说出口的话和说话时的神态，和我的姐姐一模一样，像极了大人。”程石又问。

“这……”孟嘉嘉犯了难，考虑一会儿后，她嫣然一笑，“或许是英雄所见略同吧！”

“切！”程石故作冷漠地瞄了她一眼。随着上课铃声的响起，他大步流星地走进了教室，临了，还不忘留下一句：“小心，‘英雄’会变成‘狗熊’。”

“这个固执的家伙……”孟嘉嘉看着他的背影无奈地笑了笑，只是这一瞬间，她竟然觉得眼前的这个男生没有那么任性霸道，反而有一点儿可爱了。

## 战胜对手，不如战胜自己

语文课上，老师提到了《法句经 · 述千品》中有一句话：“千千为敌，一人胜之；未若自胜，为战中上。”对此，江柯发表了不同的看法：“老师，那要对手还有何意义？既然没有了对手，为什么还要超越自己呢？这不是脱裤子放屁——多此一举吗？”引起全班同学哄堂大笑。

下课后，欧阳若芸憋着笑对江柯道：“江柯，你刚刚在课堂上的表现简直是太‘劲爆’了！在下实在是佩服得五体投地。”

提起这一茬，江柯不以为然地撇撇嘴：“我说的难道有错吗？如果不把对手当对手，为什么还要超越自己？那不是世上本无事，庸人自扰之吗？你都已经没有对手了，何必自己为难自己，多此一举？”

面对江柯的谬论，欧阳若芸只觉得不知从何说起，她笑了笑，说：“所以，你觉得超越对手，比超越自己更重要？”

“那是当然！”江柯点点头，“就比如说赛场上，你超越了对手，你就赢了；你被对手超越，你就输了，就是这么简单。”

“你是想要赢，还是想要输？”欧阳若芸又问。

“废话！当然是想要赢了，有谁想要输呢？”江柯不假思索地回答，“就像是过一阵子的足球比赛，无论如何，我是一定要赢的！”

“所以，在比赛还没有开始之前，你要做些什么呢？”欧阳若芸歪着头，继续问道。

“当然是抓紧时间，好好训练，提高自己的运球技巧……”江柯顿了顿，“欧阳若芸，这两者有什么关系吗？”

“关系大了，”欧阳若芸得意地挑挑眉，“我再问你，在训练的时候，如何才能获得进步呢？要知道，你并没有在赛场上，没有对手督促你进步，绝大多数时候，都是你一个人在训练。”

“那就自己挑战自己，自己超越自己，只有超越了自己，才能超越我的对手……”说到这儿，江柯猛地把接下来的话咽到了肚子里，“不对，我怎么被你的三言两语绕晕了……我刚刚不是说……”

“所以啊，‘千千为敌，一人胜之；未若自胜，为战中上’这句话你还是认同的。”欧阳若芸心满意足地笑了笑，“就像是你说的，只有超越了自己，你才有机会超越你的对手。相反，如果你连自己都无法超越，就永远都超越不了你的对手。简而言之，人最强大的对手，永远是自己。”

江柯是怀着质疑的心情走出教室的。临走前，他想要再说些什么反驳欧阳若芸的观点，但是沉默了许久，还是没有想到强有力的措辞。直至他来到操场上，进行足球训练，他的想法才发生了再一次的转变。

足球教练是一位因腿伤而退役的专业足球运动员。在从事足球运动之前，他曾接触过短跑这项运动，所以他尤其关注同学们的短跑速度，他有一句名言：在球场上，你跑得比球快，你就赢了。

这天，在做完了简单的热身运动后，足球教练又带领大家做了一次一百米短跑测试。江柯一屁股坐在操场上，一脸不情愿地说：“教练，足球比赛马上就要开始了，我们还是多训练一些运球和射门的技巧吧！”

足球教练一听这话，脸立刻黑了下来说：“你跑得比球快了吗？”

“没、没有。”江柯站起身，吞吞吐吐地回答。

“既然没有，还不快训练！”

足球教练一声令下，同学们分成两组，两两搭档进行一百米的短跑测试。江柯的搭档是一名替补队员，相对来说，他样样不如江柯，哨声响起时，江柯犹如离了弦的箭一般嗖的一声冲向赛道，英姿飒爽的样子引起了众人的驻足围观。

没有任何悬念，十二秒八七，这是江柯最终的成绩，也是测试结束后，所有成绩中最好的一个。可就在江柯沾沾自喜时，他却被足球教练“拎”了出来，加罚一千米长跑训练。强烈的打击让江柯质疑：“为什么？”

“因为你平时最好的成绩是十二秒二七。”足球教练疾言厉色地张口道，“你退步了。”

“可是我明明赢了！”江柯大为不解，“我战胜了我的对手，结果还要受罚，那对手的意义何在？”

“对手的意义，是让你超越自己，”说着，足球教练晃了晃手中的秒表，“中国短跑运动员苏炳添用了三年的时间才提高了零点零八秒。这三年来，他没有对手，他的对手就是自己，你也是一样，你的对手并不是你的同学，而是你自己！”

“我……”江柯一瞬间哑口无言。

是啊，江柯虽然在短跑测试中战胜了他的对手，但相比以往的成绩，他却退步了，试问这种胜利，真的值得骄傲吗？想到这儿，江柯低下了头。最终，他默默地站上了跑道，再一次奔跑起来。

## 问问自己，你为什么而后悔？

这天放学后，在男生寝室门口，程石碰到了一个蜷缩着身子，坐在花坛上闷闷不乐的女生，两个人素不相识，本应没有交流，可就在程石把脚踏上阶梯的那一瞬间，女生猛地开口："你给我站住！"

下意识地，程石停下脚步，转过身子："我们认识吗？"

殊不知女生非但没有回答程石的问题，反而脱口而出了一句："别废话，靠在墙角，举起手来！"

"什么情况？"程石眯起眼睛，对着女生道，"喂！你警匪片看多了吧？莫名其妙……"

直至这时，女生才察觉自己的突兀。她急忙起身，慌慌张张地对着程石微微欠身："实在是对不起，我刚刚正在练习演讲稿，吓到你了，真是不好意思。"

"什么演讲稿，竟然会写出'靠在墙角，举起手来'这种不伦不类的句子？"虚惊一场的程石哭笑不得，"你在开玩笑吧？"

"没有，没有。"女生摆摆手，语无伦次地道，"我想加入学校的广播站，当一名广播员，我看到公告栏上竞选广播员的信息，所以写了一篇有趣的演讲稿，想去广播站试一试，我……我……"

见眼前女生一副唯唯诺诺的样子，向来我行我素的程石竟然不忍心打击她的自尊心，于是他大手一挥，指向不远处的教学楼说："广播站在那边，而这里是男生寝室，不是你练习演讲稿的地方。"

"可是……可是……"女生像抓住了救命稻草一样，对他投去求助的目光道，“可是我没有勇气，我一靠近广播站，我就莫名其妙的腿软，我的心脏也仿佛快要跳出胸膛……我害怕……”

“难不成，还要找人把你五花大绑抬过去？”程石看看女生“球”一样的身材，顿了顿道，“你要勇敢一点儿，别那么怂！”

“我已经在这里怂了半个多小时了……”说到这儿，女生低下头，看向自己的鞋尖，“我一直都非常自卑，同学们嘲笑我，说我长得像‘猪’，他们知道我去竞选广播员，都说我不自量力，现在想一想，他们说得或许是对的。”

“连试一试的勇气都没有，依我看，你确实是想太多。”

说完这句话，程石转过身子，想要逃离这个人。可一波未平一波又起，就在这时，一个熟悉的声音在他的身后响起：“程石，你的试卷忘了带，难不成你是想故意不写作业？”

见来者是孟嘉嘉和欧阳若芸，程石懊恼地皱起眉头，压低了声音道：“搞什么？这里是男生寝室。”

“这里是男生寝室的楼下，我们又没有进男生寝室，怕什么？”孟嘉嘉歪着头，把视线移向站在一旁默不作声的女生，只是不看不知道，一看吓一跳，“喂！你怎么把她弄哭了！”

“我？”程石指了指自己的鼻子，“我们不认识。”

“可是我刚刚明明看到你们在一起说话。”欧阳若芸道。她缓缓地走到女生身边，温声细语地道：“你没事吧？是不是他欺负你了？告诉我，我们可以帮你教训他一顿。”

“没有，”女生止住啜泣，强颜欢笑，“是我不自量力，不是他的问题。”

一听这话，原本占理的程石霎时皱起了眉头。“奇怪，你的意思好像是我说你不自量力一样……”说着，他把刚刚发生的事情讲给了孟嘉嘉和欧阳若芸听，还不忘抱怨一句，“你们说，怪我吗？”

得知女生想要加入广播站，欧阳若芸顿时来了兴致说：“来得早不如来得巧，我待会儿也要去广播站竞选广播员，不如我们一起去吧！”

“我们？”女生迟疑地抬起头，转眼看向欧阳若芸，一看之后，本来就没有自信的她更加自卑了，“你长得那么漂亮，身材又好，性格也热情开朗，我连你的一半都赶不上，所以，我还是不要去自取其辱了。”

“自取其辱？”孟嘉嘉重复了一遍女生的措辞，笑着摇了摇头，“依我看，你是自欺欺人。虽然我们素未谋面，我没有办法了解你的内心，但是我觉得你的声音非常好听，去竞选广播员，再适合不过了。”

“声音好听，又有什么用？”女生呢喃着，“没有一个人相信我能成功。”

“我相信你。”孟嘉嘉和欧阳若芸异口同声地说。孟嘉嘉看向程石，话里有话地问：“你觉得呢？”

“差不多吧，”程石不自在地别过了视线，“我觉得差不多能成功。”

“你看，我们大家都相信你。”欧阳若芸宽慰道，“人生贵在尝试，不试一试，怎么知道自己不行呢？再说了，如果因为一时的退缩而放弃机会，那岂不等于把机会拱手让给别人？”

“最重要的是，多年以后，当你回忆当初的时候会后悔莫及，你会想，我当初为什么没有鼓起勇气试一试呢？尝试并不代表能百分之百的成功，但放弃一定代表失败。如果我是你，就算没有一个人支持我，我也会试一试。”说罢，孟嘉嘉对欧阳若芸使了个眼色，“你们快走吧！迟到了就来不及了。”

“走吧。”欧阳若芸伸出一只手，嫣然一笑，“祝我们成功，加油！”

半推半就中，女生终于露出了笑颜。“谢谢你们，”她拉住欧阳若芸的手，鼓起勇气说了一句，“加油。”

夕阳西下，橙色的光芒染红了半边天。时光的剪影中，别人眼中的“胖女孩”正勇敢地走向广播站，她不再犹豫，也不再害怕。因为她知道，那里，是她梦想起航的地方，而她，永远也不会因为不勇敢，而留下遗憾……

## 小小少年，别总拿面子说事

程石生病了，只是他守口如瓶，强忍着身体的不适坚持上课。

孟嘉嘉是第一个发现他不对劲儿的，她用指尖碰了碰程石的手臂，啧了一声道：“程石，你的胳膊好烫，像是火炉一样，你该不会是昨天淋雨感冒了吧？”

“怎么可能？”伴着一声轻笑，程石冷眼看向孟嘉嘉，“昨天体育课下课的时候，全班同学都淋了雨，全班同学都没感冒，偏偏我一个一米七的男生感冒了，你说这话是在暗中侮辱我吗？”

侮辱？孟嘉嘉险些笑出声：“你该不会有被害妄想症吧？人家只是关心你。”

“谢谢你的关心，我好得很。”说完这句话，程石自顾自地翻开语文课本，盯着鲁迅的《藤野先生》眼睛都不眨一下，只是当下的他只觉得头脑一阵混混沌沌，几乎快要晕厥，就连眼前的字都变得模糊不清。

终于熬到了午休时分。

程石是最后一个走出教室的，他一只手扶着课桌，一只手捂着痛感强烈的腹部，吃力地走着。他没有吃午饭，而是直接回到了寝室，不管不顾地昏睡起来。虽是炎热的夏季，但他止不住地发抖，这也是他第一次感受到身边没有人照顾，是多么无助。

迷迷糊糊中，他隐隐约约地感觉到一丝凉意抚上了他的额头，那种感觉就像是在沙漠找到了泉水一般，顿时让他的眉头都舒展开了。直至他醒来，他才看到魏东东坐在他的床边，他下意识地摸向自己额头，竟发现了一袋被毛巾包裹着的冰块。

“你发烧了，”魏东东一脸担忧地张开口，“38.9℃，属于高烧。”

程石挣扎着起身，没头没脑地问了一句：“你怎么在这里？”

“这里是你的寝室，也是我的寝室，怎么？你能来，我不能来？”面对程石的强势，魏东东早就研究出了一套“迂回战术”。见程石皱着眉头不说话，他傻笑一声，接着道：“其实，我是来拿课本的，刚好看到你躺在这里，我见你发烧，就到医务室借来了冰块帮你物理降温……”

谁知魏东东的话还没说完，程石猛地打断了他的话。“谁让你多管闲事的！”他低吼一声，挣扎着坐起身子，“我去上课了。”

“我已经帮你请过假了。”魏东东好言相劝，“程石，你已经生病了，为什么还要逞强呢？身体是革命的本钱，况且你现在高烧不退，怎么会集中精力上课呢？”他自顾自地将矿泉水递给了程石，说：“吃药。”

见魏东东早已经备好了药丸，猛地，程石的心里涌过一丝不易察觉的暖意，只是他表面上故作强硬，口气依旧冷冰冰的：“谁让你帮我请假了？我没生病。”

“大少爷——”魏东东拉长了尾音，听起来有些无可奈何，“俗话说得好，人要脸，树要皮，但是还有一句话你不要忘记了，那就是——死要面子活受罪。是人都会生病，怎么？你担心同学们知道你因为淋了一点儿毛毛雨就生病，笑话你？”

不得不说，魏东东平时看起来嬉皮笑脸，没个正经的时候，但是他的这番话，的的确确戳中了程石的软肋。没错，现在的程石虽然看起来与世无争、得过且过，但是他骨子里是一个要强的男生，尤其爱护他的面子，他不希望任何人知道他脆弱的一面。

见程石不吱声，魏东东的心里有了谱。“程石，”他顿了顿，“其实，你不要对自己太过于苛刻，人无完人，我不知道你以前发生过什么，但是我希望你快乐，也希望你不要为难自己，作为朋友，我看着你生病了还逞强，确实有点儿难受。”

朋友？

程石一顿，他不知道在什么时候，自己已经和魏东东成了朋友，但是作为室友，魏东东当下的所言所行，的确让程石为之动容。沉默了三秒钟，程石缓缓接过药丸，一股脑儿地咽了下去，随后，他摆摆手，说：“我没事了，你回去上课吧。”

“没关系，我陪你，你中午没吃饭吧？”说着，魏东东不知道从哪里拿出来一杯小米粥，嘭的一声，插上了吸管，“医务老师说，生病的时候要饮食清淡，所以我买了一份小米粥，多少你也吃一点儿。”

“我……胃痛。”终于，程石不再遮掩自己的痛苦。

“那或许就是胃肠型感冒了……”魏东东冷静地分析道，“我妈说了，胃不舒服，就要暖胃，你等我一下，我再去买一杯热的给你喝。”说完这句话，他头也不回地跑掉了，随着门咔嚓一声响，程石的脸上露出了一丝笑意。

是啊，是人都会生病，千万不要因为暂时的面子，而不爱惜自己的身体。其实，感冒发烧原本就是一件小事，将它放大的人，不是别人，而是程石自己。所以，学会爱惜自己，多顾及一下自己的感受，因为这个世界上，别人是唯一的，你也是唯一的。

# 第三章
# 半途而废，就等于和成功挥手说“再见”

## 小懒汉，别把今天的事情拖到明天

程石感冒好了之后，走起路来都觉得精神抖擞，只不过这天一大早，当他来到教室时，却发现教室里闹哄哄的，仿佛发生了什么大事。

“这、这是怎么回事！”程石指着课桌上乌黑的一片，“我也就请了两天的病假，怎么变成了这样？”

“还不是因为你们寝室那个粗心大意的江柯！”说这话的时候，孟嘉嘉将一块湿抹布递给了程石，“他做事情总是拖拖拉拉的，就连倒垃圾这么简单的任务都要拖到第二天来做。现在倒好，因为他的疏忽，整个班级都遭了殃。”

孟嘉嘉没有夸大其词，江柯作为昨晚的值日生，理应将垃圾丢到校门口的垃圾桶。可是他却因为贪玩，把昨天的工作留到了今天早上做。等他来到教室才发现，不知道从哪里爬进来的野猫咬破了垃圾袋，还把垃圾袋里丢弃的墨汁瓶当作玩具打碎了。现在，整个班级处处都是沾着墨汁的猫爪印，尤其是那些洒到了墙上的墨汁，擦也擦不掉。

与此同时，高一诺正站在走廊里，对着江柯气不打一处来地说：“为什么昨天晚上交给你的任务，你偏偏要拖到今天早上，如果昨天晚上你把垃圾清理干净了，猫怎么可能会撕破垃圾袋，墙上怎么可能洒上墨汁！”

“我也不知道猫会跑进来……”江柯虽然在狡辩，但是理亏在先的他眼睛都不敢抬一下，“我如果早知道……”

“如果早知道你会偷懒，我就应该监督你倒完了垃圾再离开学校。”说完这句话，高一诺呼出一口气，“现在班主任老师还不知道这件事情，你说，怎么办？”

“还能怎么办，将错就错，就说是猫闯了进来，打翻了桌子上的墨汁……”说到这儿，江柯猛地抬起头来，咦了一声，“高一诺，你又不是卫生委员，你是纪律委员，凭什么对我指手画脚？”

“卫生委员请了病假，杨老师让我临时代替卫生委员负责班级里的卫生，你敢说这件事情你不知道？”说完这句话，高一诺言归正传，一字一顿，“江柯，我告诉你，我是不可能帮助你撒谎的，你自己闯的祸，自己负责！”

因为江柯的失职，全班同学不得不加入“清理墨汁”的大扫除活动中，还连累班级因“卫生不合格”而被学校狠狠地扣了两分。江柯擦了擦额头上的汗，对着欧阳若芸抱怨道：“那只猫什么时候进来不好，偏偏昨天晚上跑了进来，你说，我怎么这么倒霉？”

“别怪猫，要怪，就怪你太懒！”欧阳若芸禁不住指责道，“活该老师罚你抄五遍班规，就你现在死不认错的样子，罚十遍都不嫌多！”

当天晚上，江柯一个人坐在寝室的书桌上奋笔疾书，眼看着时针指到了“九点钟”的方向，他深叹一口气，甩了甩酸痛的胳膊，自言自语：“咱们班的班规比语文课本上的课文还要长，一个半小时还没有抄完两遍，让我抄完五遍，岂不是寝室的灯都熄了？”

“谁让你总是东摸摸西摸摸，定不下心来。”相比之下，躺在床铺上跷着二郎腿的宋敢言逍遥自在得多，“别抱怨了，我劝你还是乖乖认罚吧！免得明天教室里又要上演一出‘猫捉老鼠’的大战。”

“你才是‘老鼠’呢！”江柯撇撇嘴，表达了他的不满。

“这不是重点，”宋敢言拉长了尾音，“重点是，你不要再偷懒了，赶快抄吧！”

“可是我写不完，要不……明天再写？”江柯说罢，伸了个懒腰，“我可以利用明天自习课的时间来写，反正老师让我明天交，又没有说让我明天什么时候交，我在放学之前交上去就可以了。”

“不行！”宋敢言和魏东东异口同声地说。

魏东东起身走到了江柯身边说：“难道你忘记了你为什么受罚吗？就是因为你太懒，把今天的事情放到明天来做，现在，你又要把今天的事情放到明天来做，明日复明日，明日何其多！”

“‘魏什么’说得没错。”宋敢言拍了下手，即刻附和道，“常言道，‘今日事，今日毕’，你总是拖拖拉拉，把事情一拖再拖，现在，惩罚你一下也好，免得你下一次又因为偷懒闯出大祸。”

“所以，你现在最应该做的事情，是集中全部的精力去抄写班规，而不是为了逃避惩罚找各种借口和理由。”魏东东一字一顿地说，“只有深刻地意识到自己的错误，下一次才会避免重蹈覆辙。”

面对魏东东和宋敢言的一唱一和，江柯即便是一千个一万个不愿意，也没有办法光明正大地偷懒了，直至寝室灯熄灭了，他依旧坐在书桌前，在小台灯的陪伴下完成了最后的抄写。好在这一次，他没有再偷懒，也终于意识到了自己的错误所在。

是啊，今日事，今日毕，如果江柯没有偷懒，而是将当日的清洁任务按时完成，也不会落得抄写班规的下场。就如同比尔·盖茨说的那句话："凡是将应该做的事拖延而不立刻去做，而想留待将来再做的人都是弱者。"

## 多花点儿时间，在重要的事情上

月考临近，相比于程石，程雨蒙比他更加担心。

"准备得怎么样了？"这个周末，程雨蒙专程给程石买了几本辅导材料，还把初中时的笔记翻了出来，"初二的课程对于中考来说非常重要，如果初二的基础知识不牢固，等到了初三，学习就会非常吃力。"

只是面对程雨蒙善意的提醒，程石却显得漫不经心。"就那样吧。"他边说，边摆弄着自己的游戏机，"考试也就那么一回事，你会的怎么考你都会，你不会的怎么考你都不会，你让我怎么回答？"

"别和我玩文字游戏。"程雨蒙耐着性子，苦口婆心道，"你还记得以前经常上咱们家来玩的林慧吗？她以前的学习成绩非常差，她的家人甚至怀疑她的智力有问题，专门带她去了一趟北京看诊，可结果呢？一切正常。后来才知道，她之所以学习不好，就是因为学习态度不端正，她把学习的时间全部都用来追星了。"

"追星有什么好？"程石不屑一顾地轻哼一声，"还不如看看漫画，玩玩游戏机，打发打发时间，追星真是幼稚。"

"可是在我眼里，现在的你和林慧没有什么区别，同样的幼稚。”程雨蒙严肃地道。

“我又不追星，”程石大为不解地抬起头，“我连当红明星的名字都叫不出来，我怎么会和她一样呢？”

“你们都把时间浪费在了无关紧要的事情上，反而忘记了最重要的事情，你敢说，你们不是一类人？”说完这句话，程雨蒙嘶啦一声撕掉了墙上的日历，“我们虽然看不到时间的流动，但是时间从来没有停止过它的脚步，再过几天，九月就要过去了，这一个月以来，你都做了些什么？”

“吃饭、睡觉、看漫画、玩游戏、学习……”程石掰了掰手指头，“没了。”

“吃饭、睡觉、看漫画、玩游戏、学习……”程雨蒙重复了一遍程石刚刚说过的话，“学生最主要的任务就是学习，你竟然把看漫画和玩游戏看得比学习还要重要，现在，你的学习态度已经出现了极大的问题，你知道吗？”

“知道，”程石点点头，“但我已经很努力在克服了。”

“光说没用，你还要去做。”说罢，程雨蒙一股脑儿地将书桌上的漫画书锁到了抽屉里，并把钥匙揣进了自己的口袋，“从今天开始，周末我会限制你看漫画的时间，还有游戏机，暂时交给我来保管。”

“你、你这是限制人身自由。”程石皱起眉头，像个小孩子一样跺了跺脚，“那是我新买的漫画书。”

“我不管！我有一个条件，如果你可以端正你的学习态度，做到自主学习，我就把钥匙和游戏机还给你，否则……”程雨蒙清了清喉咙，“我就把你最近的顽劣表现告诉咱爸，让咱爸给你上一课，怎么样？”

“姐！”猛地，程石缴械投降，“求求你，千万不要告诉咱爸，我真的怕了他强大的逻辑思维能力，和说三个小时都不停歇的超级口才，我……我自我检讨就是了，这点小事，就不要惊动他老人家了。”

“还有，这一次的月考，我不要求你取得多大的进步，但是，必须让我看到你的学习态度。”说完这话，程雨蒙一把拿过了他手上的游戏机，并把语文课本塞了过去，“一个小时后，我会随机抽查古诗词一首，背不背，你看着办。”

这个周末，程石过得苦不堪言。终于熬到了周一，当他和孟嘉嘉抱怨他的姐姐有多可怕时，孟嘉嘉却拍了拍手，道：“你姐姐说得没错，学生最重要的事情就是学习，你应该多花点儿时间，在重要的事情上。”

“喂！”程石只觉得自己的头都快炸开了，“你们上辈子是不是一家人？之前还说什么‘英雄所见略同’。”

“想得美，我才不要和你成为一家人呢！”孟嘉嘉的脑袋瓜子转得飞快，随后，她转移了话题，“我听说，你的老爸是一位网络小说作家？我特别好奇，网络小说作家的生活是怎样的？难道和电视上演的一样，整日带着笔记本电脑游山玩水，寻找灵感？”

“游山玩水倒不至于，整天抱着笔记本电脑不撒手倒是真的。”程石回忆起爸爸程建伟在家里工作时的画面，如果没有要紧事，他可以整整一天待在书房里工作，就连吃饭和上厕所，都不忘抱着笔记本电脑，生怕浪费一分一秒。想到这儿，他无奈地耸耸肩，说：“他就是一个工作狂，他的眼中只有他的小说。”

“认真对待自己的工作，有什么不对吗？”孟嘉嘉表达了她的看法。“你的爸爸比你靠谱多了，至少，他懂得把时间投入到重要的事情上，而你却不一样，把时间都浪费掉了。”说着，孟嘉嘉吐了吐舌头，“你要向你的爸爸，还有你的姐姐学习。”

“又来了……”程石晃了晃头，深叹一口气，“你们上辈子果然是一家人。”

“无论我们上辈子是不是一家人，我们都是为你好，不忍心看你自我放弃。”孟嘉嘉莞尔一笑，缓缓开口，“因为我看得出来，你和那些顽劣的学生不一样，你很聪明，而且很有原则，也很沉稳。”

“聪明？有原则？沉稳？”程石重复了一遍关键词，“真抱歉，这几个词语和我一个都不沾边。”

“你有你的思维，我有我的思维，我相信我的思维和眼光不会出错。”孟嘉嘉一本正经地道，“而且我敢保证，只要你肯把时间用在学习上，你就会成为一匹黑马，任何难题都不在话下。”

是啊，只要把时间有效地利用起来，笨鸟先飞，更何况原本就不笨的程石呢？

想到这儿，程石再一次沉默了。

真的要从头来过吗？他因失意而封闭的心有些动摇，仿佛心中有小小的火苗在燃烧。这一刻，他想到了曾经站在领奖台上的自己，那种他已然不再奢求的光芒，在不知不觉中照亮了他的记忆，点燃了他的青春……

## 人生最大的谎言，就是“我不行”

众所周知，校园足球队队长江柯，生性好胜，甚至有些桀骜不驯，尤其是在足球赛场上，因为取得了一次冠军，从此“独孤求败”，并当着全体队员的面立下誓言——这一次足球比赛，不拿冠军誓不罢休。

但事情往往有例外，江柯做梦都没有想到，这一次的足球赛不比以往，他将面临的对手不仅仅有备而来，而且还是一支“国际足球队”——队员们各个黄头发白皮肤，个头也比江柯高出一个头，这让江柯顿时有了退赛的冲动。

“你们说，现在退赛还来得及吗？”这天晚上，江柯躺在寝室的床铺上，犹豫了半天还是问出了口。

“退赛？”魏东东一个鲤鱼打挺从床上坐起，“江柯，你搞什么鬼！”

江柯翻了个身，一脸的无可奈何道：“这次的对手实在是太强大了，简直无懈可击！与其在赛场上被对手打得毫无还手之力，还不如趁现在潇洒转身，选择退赛，至少不会成为别人的笑柄。”

“江柯，你什么时候变得这么懦弱了？”和魏东东相比，宋敢言的话直接得多，“你难道忘记了你曾经的雄心壮志了吗？那个拍着胸脯说‘我一定赢’的人是谁？想当初，大家都还劝你不要轻敌呢！”

“是啊，都是我太过于轻敌，才盲目自信，说了不该说的大话。”江柯叹了口气，坐直了身子，“那你们说，我现在该怎么办？作为足球队队长，难道眼睁睁地看着球队往火坑里跳吗？我可不想输……”

“不战而退！”不知什么时候，程石也加入了讨论，“在我眼里，你已经输了。”

“什、什么意思？”江柯转过头，等待着程石的下文。

程石轻笑一声，慢条斯理地开口：“你连尝试的勇气都没有，就急着说‘我不行’，在与对手比拼之前，你已经输给了自己，不是吗？”

“就是！”魏东东帮腔道，“人最怕的不是输给敌人，而是输给自己。在比赛没有结束之前，任何人都没有资格妄下定论。所以，你不可以轻易地否定自己，你应该更加积极地去迎接挑战，就像是那句成语……”

“人定胜天。”宋敢言接过话，“人凭借自己的聪明才智连大自然都可以战胜，为什么不能战胜自己的对手呢？你也太小瞧自己了！”

没错，比赛还没有开始，没有任何人可以妄下定论，而江柯却因为遇见了强大的对手，临阵脱逃，这怎么看也不是一个气血方刚的少年应该做的事。好在在室友的劝说下，他重新树立起目标，做出了正确的选择。

第二天一早，江柯来到教室就把昨晚在寝室里发生的事情讲给欧阳若芸听，还不忘自嘲地一笑道：“当时我也不知道怎么了，就像是被人下了蛊一样，尽说一些糊涂话，现在仔细想一想，自己真的是太幼稚了！”

“知错能改，善莫大焉。”欧阳若芸嫣然一笑，猛然间，她想起了一件事，“江柯，你觉得咱们学校广播站新来的广播员怎么样？就是每周三中午主持《我有话要说》这个节目的广播员？”

“还不错，”江柯想了想，“比起之前的广播员，她的声音更加轻柔动听，就像是小桥流水一样，让人觉得非常舒服，还有她主持时的配乐，大多选择的都是优美的轻音乐，比那些网红歌曲好听多了。”

“那你知道，她是一个什么样的女孩子吗？”欧阳若芸又问。

“我猜，她一定是一个非常漂亮，而且非常自信、优雅的女孩子。”说到这儿，江柯诧异地看着欧阳若芸，“喂！你说这个干什么？”

欧阳若芸轻轻地摇了摇头，说：“不是，相反，她是一个因为肥胖而自卑的女孩，因为害怕被嘲笑，她差点儿错失了去广播站竞选广播员的机会，好在最后她战胜了自己，没有给自己留下遗憾。”

“真的假的？”江柯难以置信地把嘴巴张成了“O”字形，“我不相信。”

“我为什么要骗你？我和她一起参加的竞选，最后广播站只要了她一个人。如果你不相信我，你可以去问程石和孟嘉嘉，当时他们也在场。”说着，欧阳若芸清了清喉咙，“昨天的你，就像是那个还没有尝试，就给予自己否定的女孩，可结果呢？还不是成功了？”

“真是想不到……”江柯嘀咕着，“完全出乎我的预料。”

“一切的担忧只是自欺欺人而已，其实，你比你想象的更加优秀，她是如此，你也是如此。”说罢，欧阳若芸嫣然一笑，“好在你已经发现了自己的错误，我就没有必要再浪费口舌了。”

“对，是我的错。”江柯难为情地挠挠头。

“所以啊，千万不要否定自己，你只是听说对手非常强大，但没有真正地较量过，谁知道谁输谁赢呢？再说了，就算是输了又能怎样，除了冠军，你还可以争夺亚军、季军，只要战胜了自己，虽败犹荣。”

欧阳若芸的一番话就像是一阵风，轻轻地吹到了江柯的心里，给他原本七上八下的心打了一针镇静剂。是啊，如果连尝试的勇气都没有，那和缩头乌龟有什么区别？行不行不是口头上说了算，而是赛场上说了算。一切的结果，还是赛场上见吧！

## 当哨声响起时，就意味着要坚持到终点

万众期待之下，足球比赛终于拉开了帷幕。

江柯作为校足球队的队长，背负的是全校的希望，可赛场上的他却显得格外从容镇定，倒是他的队员们个个忐忑不安，比赛还没开始呢，就找各种各样的理由推脱上场，一会儿肚子疼，一会儿头疼，让江柯很是懊恼。

“喂！难不成你们个个都想做替补队员，就我一个人上场比赛？”江柯站在队伍的最前面，禁不住训斥道，“现在后悔已经晚了！如果你们再用消极的情绪面对比赛，那干脆现在就投降认输！”

“我们不是这个意思……”其中一个前锋队员犹犹豫豫地道，“我们只是紧张、害怕……你看看他们，个个人高马大，相比之下，我们逊色多了……而且我们……”

“我们怎么了？”江柯昂起胸，打断了他支支吾吾的话语，“大家都是人，都有两只胳膊两条腿，我就不信他们还能长出翅膀飞起来！”说完这话，他拍了拍队员的肩，“无论如何，倾尽全力就好。现在，我们已经没有退路了，唯一的选择就是坚持到比赛结束前的最后一秒，哪怕是硬着头皮，你们也要给我上！”

热身运动完毕后，随着裁判的哨声响起，比赛开始了。

对方中锋先发制人，刚一上场就给了江柯一个下马威。同

样作为中锋，他竟比身手敏捷的江柯先一步抢到了球，运球、传球一气呵成，眨眼间就把球传给了前锋。面对对方的来势汹汹，江柯一方显得谨慎多了，只见江柯一方后卫以守为攻，个个提起了十二分警惕。尽管如此，还是没能抵挡对方的突击，就在比赛开始不到四分钟的时间里，对方进行了第一次射门，好在江柯一方守门员一跃而起，将球紧紧抱在了怀里。

虽是虚惊一场，但在无形中给了江柯很大的压力。可一想到同学们对他的鼓励，他猛地甩甩头，对自己说了一句“我能行”。

比赛继续。

由江柯一方运球，只见江柯接过球，将球传给了前锋，就在这时，对方再一次发力，以迅雷不及掩耳之势将球拦截，并带球过人，直接绕过了江柯，朝着球门的方向奔去。江柯不再犹豫，他不顾膝盖上的旧伤，拼命地朝着球门的方向追去。好在这一次，江柯一方的后卫有了前车之鉴，他们团结一心，成功阻止了对方的进攻，并再一次把球传给了江柯。

抢回了球，就等于吃下了一颗定心丸，让江柯瞬间把提到嗓子眼儿的心放回了肚子里。可一切只是刚刚开始，面对对方中锋的咄咄逼人，江柯除了熟练运用过人的运球技术，还与对方拼速度、拼体力，直至把对方远远地甩到了身后，他才大力射门，只听嘭的一声，足球撞到了球门框上弹了出来，顿时，现场发出了一阵阵惋惜声。

不能灰心！

江柯给自己加油打气，同时不忘向队友们发出了“加油”的信号。在江柯的鼓励下，大家渐渐找回了训练时的状态，他们不再害怕，也不再犹豫，而是拿出了百分之百的实力，就在比赛进行到了二十分钟的时候，江柯一方前锋趁对方不备大力射门，将比分变成了一比零，旗开得胜。

欢呼声响成一片。

要知道，这不仅仅是宝贵的一分，更是全体队员迎难而上的希望！往后的二十五分钟里，光江柯一人就成功截球十余次，创造了他的最好成绩，随着哨声响起，上半场的比赛终于结束了……

看着依旧是一比零的比分，江柯信心百倍地对着队员们道：“你们看，传说中的‘国际战队’也不过如此。只要我们团结一心，做好全面防守，他们也拿我们没辙。”

可理想很丰满，现实很骨感。

下半场比赛开始时，不知道是不是因为对方换了两个替补球员的关系，整个气势又上升了一个台阶，他们个个耀武扬威，眼中仿佛带着“杀气”，让江柯一方球员个个心惊胆战。也正是因为士气上受到了影响，在进攻时，江柯方中锋和前锋几次遭遇了半路截球，更为可怕的是，对方的前锋不再保守，他全然不顾江柯方的阻拦，强行带球过人，最终将球稳稳地射入了球门，将比分打成了一比一，平手。

“可恶！”

江柯紧攥的拳头青筋暴出，他不希望就这样输掉比赛！见况，他做了一个深呼吸，为了更好地防守，他强忍着体力不支的痛苦，在球场上快速狂奔，此时此刻，他只有一个信念，一定要进球！一定要在哨声响起之前再进一个球！

最后二十分钟，比赛已经进行到了白热化的阶段，双方咬紧牙关，无论是进攻，还是防守都互不相让。江柯等待着下一次进攻的机会，他有把握，只要球传到了他的脚下，他就一定可以将球送入球门！可是时机不等人，他一连几次都失去了传球的机会，再加上对方中锋、前锋配合默契，显得江柯方极其被动。

加油！

他给自己加油打气，尽管汗水沾湿了他的上衣，他依旧紧盯着足球，一刻都不肯放松。就在比赛进入倒计时时，一个偶然的机会，他半路拦下了对方的传球，借此时机，他加快了脚下的步伐，如同“闪电”一般的带球过人。在前锋的掩护下，他低吼一声大力射门，欢呼声此起彼伏地响了起来，终于，他的脸上露出了笑容。

“太棒了！”

球员们欢呼着、跳跃着，仿佛比赛的结果已经成了定局，但是江柯知道，没听到哨声响起，比赛的输赢都是未知数。随后，他以防守为主，几次拦截了对方的传球，直至比赛结束，他才放松紧张的心情……

“赢了！真的赢了！”江柯喜极而泣，激动到不知所措，这一刻，他终于成了自己的英雄。

最终，江柯一方球队以二比一获得了胜利。

“并不容易，”在接受采访时，江柯对着小记者说，“我曾想要放弃，甚至想要认输，但是，我的好朋友给了我鼓励，他们告诉我，不到比赛的最后一秒，一切都是未知数。现在，事实证明我的选择是正确的，坚持就是胜利，当哨声响起时，坚持到最后一秒，你就成功了。”

没错，无论对手多么强大，当哨声响起时，只要坚持到最后一秒，无论输赢，都是一种成功。不要妄自菲薄，也不要半途而废，只要为了目标坚持不懈地去努力，一切奇迹，都会发生。

## 你可以败给别人，但一定不能输给自己

自从江柯带领球队在赛场上获得胜利的事迹传遍了校园，他一时之间成了学校的“足球明星”，甚至还有慕名而来的女孩子找他要签名，让他一时之间不知如何是好。相比之下，宋敢言安静得有点儿反常，因为就在今天早上，他得知了一个天大的秘密……

时间追溯到早上七点半。

当时，只有宋敢言一个人在床上赖床，当他醒来的时候，寝室其他人早已经洗漱完毕，换好校服准备去食堂用餐了。宋敢言一个鲤鱼打挺跳起身，边嘀咕着：“这群小子，竟然不叫我！”他手忙脚乱地寻找袜子时，无意中撞倒了程石立在书桌上的小书架。霎时，一个黑色的牛皮本映入眼帘。

这是宋敢言第一次看到如此高档的笔记本，他将笔记本放到手里掂了掂，又放到鼻子前闻了闻，见寝室房门紧锁，走廊里也听不到半点儿脚步声，宋敢言好奇地翻开看了看，不看不知道，一看吓一跳，这个笔记本，正是程石用来记录心路历程的日记本。

要知道，宋敢言平日里大大咧咧，最喜欢的就是凑热闹，一想到这里面写的都是程石的小秘密，他就止不住地想要多看两眼，殊不知他刚翻看没几页，就看到了程石的秘密，猛地，他合上了日记本，深吸了一口气……

“原来是这么一回事……”宋敢言禁不住地自言自语，“怪不得这小子看起来有些反常，原来他一直藏着心事，呵！还装出一副学习很差的样子，看来，都是假的！”

宋敢言没有夸大其词，程石在转学前，的确有一个不为人

知的小秘密。

初一的时候，程石是菁英中学无人不知无人不晓的“数学小王子”，他每一次的考试成绩都在全校的前十名之内。只是在初一的最后一次期末考试时，他因为粗心大意写错了几道题，成绩一下滑落了二十多名，又偏偏在考试前他和隔壁班级打了赌。面对对方的嘲笑，他一时想不开，便毅然决然地选择了转学。

这件事情成了程石的心结，他一度认为这就是上天的安排，上天不让他赢，他就算再努力也赢不了。带着这种消极负面的情绪，他开始放弃努力，开始妄自菲薄，甚至放弃了学习。宁愿做一个随波逐流的“差生”，他不希望任何人对他抱有希望，包括他自己。

所以，程石变成了现在的程石。

得知了这一切，宋敢言只觉得心里不是滋味，看着程石自我放弃的样子，他很想和程石好好地谈一次，可是他又不知道如何开口，难道要开门见山地说：“嘿！我偷看了你的日记本……”想来想去，宋敢言还是选择了沉默。

只是让宋敢言大跌眼镜的是，今天的程石不同以往，他不但没有在课堂上偷看漫画书，还在下课时主动写作业，这一奇怪的举动，也让孟嘉嘉觉得有些不可思议。她用手摸了摸程石的额头，嘀咕了一句：“没发烧啊……”

“‘孟大拿’，你又越过‘三八线’了。”程石猛地一甩头，口吻一如既往的冷漠。

“啊，对不起，”孟嘉嘉像是做错了事的小孩，小心翼翼地缩过手，还不忘关切地问了一句，“需要帮助吗？数学课的课堂笔记，需不需要我借给你？”

以往这个时候，程石都会不屑一顾地轻哼一声，表示他的不在乎，但是此时此刻，他竟敲了敲桌子，脱口而出了一句：“拿来吧。”

“啊？”孟嘉嘉还以为自己出现了幻听。

见孟嘉嘉愣在原地，程石犀利的眸子一眯，重复了一句“拿来”，并问道：“这道题怎么做？”

“这道题……我看一下。”孟嘉嘉故作镇定地接过练习册，随后讲解道，“很简单，你先将所有的已知条件标注在图形上，再求出各个角的角度，”说着，她呼啦一下从笔记本上撕下了一张纸放在了程石的面前，“你可以在这里做验算。”

“这就是你的解题思路？”程石又问。

“是啊，充分利用每一个已知条件，难题就会迎刃而解。”孟嘉嘉一本正经地点点头，随之好奇地问道，“程石，你什么时候对数学感兴趣了？”

“要你管。”程石撇撇嘴，没有了下文。

孟嘉嘉莞尔一笑，“你认真学习的样子还是蛮帅气的，如果你成为学霸，一定会更受女孩子的欢迎。”

“切……”

程石嘀咕了一句，在纸上画出了图形。宋敢言把孟嘉嘉拉到了一边，神神秘秘地问道：“孟嘉嘉，程石他……没事吗？”

“他有什么事？”孟嘉嘉丈二和尚摸不着头脑。

“你不觉得他今天有一点儿不大对劲吗？”宋敢言提示道。

经宋敢言这么一提醒，孟嘉嘉啧了一声，猛地点点头。“的确是有点儿不对劲，他刚刚竟然问了我一道数学题，这是自从我认识他以来，他第一次主动向我请教问题。”说着，她反问道，“程石他没事吧？”

“不知道。”宋敢言摇摇头，假装什么都不知道，“通过近日以来我仔细地观察，我总觉得他似乎隐瞒了什么。”

“我也有同感，他的确怀揣着不为人知的心事，”孟嘉嘉把手杵在下巴上，“只是现在他似乎又想明白了什么，至于想明白了什么，我也不知道……”

孟嘉嘉不愧是“孟大拿”，还真让她给说对了。自从上一次周末回家，在姐姐程雨蒙苦口婆心的劝告下，程石已经意识到了自身的问题。如今，江柯带领着球队胜利而归，又给他很大的警醒，不知道哪里来的勇气，他竟在一瞬之间开窍了。

他想要重整旗鼓，想要用实际行动证明自己，想要摆脱“差生”的头衔，因为他渐渐明白了一个道理：做人可以输给任何人，但是绝对不能输给自己。就像竞选广播员的胖女孩一样，她可以做到战胜自己，为什么自己做不到呢？

于是，他给自己立下了一个目标：在月考之前，他一定要把所有落下的功课补上，用实际行动，再创辉煌。只是这一次，他不和任何人比，而是和曾经的自己比，因为人生中最强大的对手始终是自己啊！

## 别让多余的情感，牵绊住你前进的脚步

这天晚上，程石和魏东东在寝室里刷数学题。重整旗鼓的程石难得的认真，相比之下，魏东东就显得漫不经心多了。他低着头，眼睛一眨不眨地看着试卷，握在手里的水性笔半天也没有写出答案。

“这道题选择‘C’，这是一道送分题。”程石禁不住开口，“魏东东，你今天晚上到底是怎么了？我都写完一张试卷了，

你连选择题都没有做完。”

“没、没什么……”魏东东尴尬地一笑，只不过说这话的时候，他下意识地摸了下口袋，并把里面的东西塞了塞，这个不自然的小动作让程石逮了个正着。

见魏东东似乎有事相瞒，程石脱口而出：“你的口袋里藏着什么？”

“啊？”魏东东一愣，支支吾吾了半天也没说出个所以然来。他干脆站起身子，“没什么，我、我去趟洗手间。”说完这话，他转身就要跑，殊不知这个时候，宋敢言从上铺跳了下来，他双臂张开挡住了魏东东的去路，露出一副“看你往哪走”的得意脸。

“你、你干什么？”魏东东深吸一口气，后退了一步。

“把你口袋里的东西给我看看，现在、马上！”宋敢言挑挑眉，开门见山。

“不行！这个不能给你！”魏东东下意识地用手捂住口袋，看得出来，他真的非常紧张。

“你刚刚不是说你的口袋里‘没什么’吗？”宋敢言抓住了关键点，干脆伸手上去掏，半推半就中，只见一张蓝色信纸掉了出来，开头的一句是“我关注你很久了”，这让整个寝室都炸开了锅……

“喂！你们小点儿声！”魏东东一把抢过信，不知不觉中脸红成了一片，“这件事情千万不能让别人知道。”

“敢做不敢当，不是男子汉！”发现“新大陆”的宋敢言禁不住嬉皮笑脸地调侃道，“快说快说，你喜欢上了谁？该不会……是咱们班的纪律委员吧？我看你们两个人最近总是同时行动，上一次，你还帮她打饭来着……”

“别、别胡说八道！”魏东东一屁股坐在了床铺上，这才说出了心中的秘密，“我的心思全部放在学习上，根本就没有时间关注女孩子，这封信，是一个学姐写给我的，她说……她说……”

“她说什么？”江柯摘下耳机，忍不住问道。

“她说她喜欢我……”说着，魏东东把信放在了书桌上，不再遮遮掩掩，“她为什么会喜欢我呢？我长得又不帅，个子又不高，还一脸的青春痘，而她却很漂亮，说起话来温声细语，很有礼貌。”

“你们认识？”程石捕捉到了关键信息，口吻依旧波澜不惊。

“我们是在图书馆认识的，但也只见过几次面，我帮过她。”魏东东一五一十地道，“我连她的名字都不知道，我只知道她是我的学姐，但没想到，今天她竟然在走廊上找到我，给了我这封信……”

“喜欢一个人，始于颜值，陷于才华，忠于人品，你那么乐于助人，又热情开朗，女孩子喜欢你也是很正常的事。”江柯宽慰道，“只不过，你打算怎么处理？接受她的告白，还是选择拒绝？”

“当、当然是拒绝了！”一提到这一茬，魏东东又紧张了起来，“可是……我不知道如何拒绝她，我怕伤了她的心，更不知道以后应该如何面对她，总不能为了躲着她，一辈子都不去图书馆吧？”说着，他看向程石，“程石，你一定收到过类似的信件吧？你都是怎么处理的？快教教我。”

“我？”忽然被点名的程石愣了愣，“我都是直接拒绝，不像你考虑得那么全面。”

“那太残忍了，我做不到……”魏东东懊恼地甩甩头，“真没想到，被一个女孩子喜欢竟然成了我的烦恼，早知如此，我就不那么热情了。”

“拜托，这不是你的错。”宋敢言提示道。

“那怎么办？”魏东东用求助的目光看向江柯，“江柯，你鬼点子多，也帮我出出主意，如果是你，你会怎么办？”

“我会大大方方地写一封回信。”江柯想了想，“在信中，我会委婉地告诉她，学生的主要任务是学习，不要让多余的情感影响学习成绩，如果可以，我们可以成为好朋友，互帮互助，一起进步。”

江柯说得一本正经，殊不知听到这里，宋敢言却没忍住笑出了声。“就你？学习？哈哈哈……”他捂着肚子，笑到直不起腰，“全班的倒数第一，你竟然和我们说‘学习’？你可拉倒吧……”

嘭的一声，江柯将身边的纸巾盒扔到了宋敢言的身上，说：“喂！就事论事！我说的是这个问题的处理方法，要因人而异！如果站在魏东东的立场上，我刚刚说的那一段是成立的！别不懂装懂……”

“我觉得江柯说得很对。”程石缓缓开口，“作为学生，最重要的任务就是学习，千万不能让多余的情感让自己分心。”他转眼看向魏东东，接着说：“你就按照江柯说的写，快刀斩乱麻，早点儿拒绝，对你们都好。”

于是，在室友的帮助下，魏东东终于鼓起勇气写了一封回信，说也奇怪，当他把信交到学姐手上时，心中千斤重的巨石竟然一瞬间被击碎了，取而代之的是豁然开朗的心情。他对学姐说：“我很希望可以和你成为朋友，以后还请多多关照。”

## 咬紧牙关，决不后退

周五的晚上，程石难得在家里的书房看到了程建伟。

“老爸，”程石心不甘情不愿地轻唤了一声，“你是不是已经忘了，你还有一个住校的亲儿子？”

“唉……工作太忙了，”程建伟抬起头，一脸疲惫地看向程石，“你要理解爸爸，爸爸这么努力，不单单是为了自己，也是为了这个家。”

“我理解。”程石下意识地把视线从程建伟头上的几根白发上移开，心里头怎么都不是滋味，“可是爸，您也要注意身体，身体是革命的本钱，您总是东奔西跑，难得回家也不休息，小心身体吃不消。”

“机会就在眼前，难道还能让它溜走了？”说完这句话，程建伟像赶鸭子一样把程石赶出了书房，“你放心，爸没事，晚饭不用叫我了，我吃过了。”

躲在门外的程雨蒙探出身子，凑到程石的跟前问道：“怎么样？爸怎么说？”

“还能怎么说？我就知道，他就是一个彻头彻尾的‘工作狂’，从早到晚，他的眼里只有工作，只有他的小说，其他的一切，都是空气！”说着，程石无奈地耸耸肩，“他这个劲头如果在古代，一定能中状元。”

“你真会开玩笑。”程雨蒙边说边将剥好的板栗塞到嘴巴里，“自从咱爸的那本《绝望前的黎明》获了奖，他恨不得长出三头六臂，一天当作四十八个小时来过。他刚刚和我说，他在天亮之前无论如何都要写出分章简介。”

“他疯了吧？”程石倒吸了一口凉气，“如果我没记错的话，一共一百多章呢！”

“所以啊，我才让你劝他多休息，我猜，他今晚一定要熬个通宵。”说完这句话，程雨蒙的眼中流露出了一丝伤感，“咱妈去世得早，咱爸就扛起了整个家的担子，其实我挺心疼他的。”随后，她看着程石，道：“所以，我们一定要好好读书，长大了孝敬咱爸，不能让他那么辛苦。”

“依我看，未必，”程石分析道，“咱爸骨子里就是这样一个人，他认定的事，就算是困难重重，十头牛也拉不回来他。只恐怕到时候，他比咱们还忙呢！”

“也是。”程雨蒙点点头，“就拿这次的文学比赛来说，上万人参加，就他一个人获了一等奖，我问他获奖的感受时，他只轻描淡写地说了一句‘再接再厉’，完全没有一丝兴奋感。人都是‘活到老，学到老’，只有他是‘活到老，忙到老’。”

半夜十二点。月朗星稀，周遭听不到一丝的声音，当万家灯火渐渐熄灭，程建伟的书房里依旧亮着一盏台灯。程雨蒙小心翼翼地敲了敲门，对着他道：“爸，我给您热了一杯牛奶，趁热喝。”

“谢谢。”程建伟接过牛奶，轻抿一口便放到了一边。

见程建伟紧缩眉头似乎是有心事的样子，程雨蒙小心翼翼地道：“爸，要不咱先休息，明天还有一整天的时间呢。创作这种东西，要慢慢来，‘心急吃不了热豆腐’这句话可是您告诉我的。”

“我明天一早的飞机，”程建伟说出明日的计划，“我不在的时候，帮我照顾好你弟弟。老师说，他现在的学习成绩非常不好，有些反常。”

“爸，程石刚回来，您又要走？这不是明摆着让程石难过吗！”程雨蒙的脸上闪过了一丝不悦，“您是不是真的发了财，嫌我们是累赘，就不要我们了……”

“胡说什么呢，我怎么会不要你们呢？我心疼你们还来不及呢。”程建伟急忙道。

“那您为什么又急着走？”程雨蒙喃喃道，“等到我们上学了，您再走不行吗？”

“傻孩子，我之所以熬夜写分章简介，就是为了明日的选题会，如果这一次的选题会我中标了，我的小说就有机会拍成网络电影了。”程建伟看着程雨蒙说，“我绝对不能错过这次机会。”

“难道……您的事业比我们还重要？”程雨蒙试探性地问道。

“我的事业没你们重要，但是，这一次的机会，对我来说非常重要。”程建伟想了想，动情地道，“雨蒙，你也有自己的梦想，对吗？如果有实现梦想的机会，难道你会眼睁睁地把机会让给别人吗？将我的小说拍成影视作品，让更多的人看到，这就是我毕生的梦想，我想，你会理解我，并支持我的。”

简简单单的一句话，让程雨蒙体会到了父亲的不易。随后，她还是禁不住道：“爸，我理解您的苦衷，只是您的年纪也大了，都有白头发了。追梦之余，您还要注意自己的身体，您不是年轻的小伙子了……妈走得早，您要是再有个三长两短，您让我们姐弟俩怎么办……”

“放心，我还年轻，我还能翻跟头呢！”似乎是觉得话题有些沉重，程建伟开朗地一笑，“乖女儿，你的体贴让爸爸非常欣慰，只是机会摆在眼前，就算是辛苦，我也要咬紧牙关，绝不能后退。”

“好吧。”程雨蒙点点头，不再劝慰，“那您一定要注意身体，量力而行，如果需要的话，我和程石都可以来帮忙的。”

“知道了，”程建伟摆摆手，“去睡吧，我也要抓紧时间完成我的工作了。我要为你们姐弟俩树立一个好榜样，让你们为我自豪。”

不得不承认，在某些方面，程建伟的确是一个好的榜样。他用实际行动告诉程雨蒙和程石，无论如何，做人要向前看，要敢于追梦，为了更好的明天而奋斗，就像他刚刚说的那句话一样——咬紧牙关，决不后退。

与此同时，程石躺在床上翻来覆去怎么也睡不着，想起程建伟坐在电脑前奋笔疾书的样子，他想到了前段时间得过且过的自己。是啊，时间那么宝贵，都被他给浪费掉了，如果可以重来，他想，他或许还会转学，但是，他绝对不会那么自暴自弃了。

因为程石渐渐发现，得过且过的人生没有自己想象的那么恣意，相反，当他看到程建伟忙碌的背影，他觉得父亲的身体在发光，那是一种无以言表的神奇力量，在那一瞬间这力量感染了他，让他深刻地了解到——努力，才是成熟的人应该做的事。

# 第四章
# 机遇，是改变人生的一大奇迹

## 只有今晚做了米饭，明早才能吃上蛋炒饭

九月的天气总是变幻莫测。

前几日还艳阳高照，风吹得绿叶沙沙地响，这几日就阴雨绵绵，连叶子都变得又枯又黄，窸窸窣窣地往下掉。程石好不容易盼来周末，却因下雨打乱了所有的出行计划，无奈之下，他只好老老实实地待在家里写作业了。

可是好事不成双，坏事不单行。吃腻了学校白米饭的程石，本想着自己动手炒一锅蛋炒饭犒劳犒劳自己，却没承想锅里预留的米饭被他的爸爸当作夜宵吃了个精光，连一粒米都没有剩下，这让程石的心情再一次跌到了谷底。

看着程石一个人坐在电视机前闷不作声，程雨蒙一把夺过了电视遥控器，调到她喜欢的综艺节目频道上，还不忘撇撇嘴感叹道："人啊，总是在失去之后才懂得珍惜，就像是昨晚剩下的大米饭，可悲啊可悲。"

"你就不要戳我的痛处了。"程石皱着眉，一脸的郁闷，"老爸一大早出差，对我不管不顾也就算了，谁知道他还欺负我，吃了我的米饭。如果没这回事，我独家研制的'程氏蛋炒饭'早就出炉了。"

"依我看，这件事情还是要怪你。"程雨蒙边说，边把一桌子的橘子皮扔到了垃圾桶里。

"怪我？"程石指了指自己的鼻子，仿佛出现了幻听。

“没错，就是怪你。”程雨蒙一字一顿，不留情面，“明明知道隔夜饭才能做蛋炒饭，你就应该在昨晚多做一些米饭以备不时之需。我记得当时我还提醒你多做一点儿，你还不耐烦地说我‘多管闲事’。”

“计划没有变化快，我又不能料事如神。”说着，程石撇撇嘴，“算了，少吃一顿蛋炒饭也没什么大不了。”

程石说得大度，可是程雨蒙却并不觉得事情有这么简单。她挺直了腰杆说：“我问你，你还记得我曾经和你说过的话吗？机会永远只留给有准备的人，我觉得，这句话现在特别适合你。”

程石不以为然地轻哼一声：“拜托，事情已经发生了，你现在和我说这些道理，还有什么用？”

“老弟，人生就是发现问题、解决问题的过程。”说罢，她讲了一个寓言故事。

有一天，一个猎人和往常一样到山上打猎。临走前，他的妻子提醒他说，一定要先给枪中装满子弹，才能够在第一时间捕捉到猎物。可是那个猎人一意孤行，他总是认为看到猎物再装子弹也不迟。后来，猎人在途中看到了一只野兔，难得的野味让他一时兴起，即刻拿起枪瞄准了猎物，可就在他准备扣动扳机的那一刻，他才后知后觉地想起枪中没有子弹，于是，野兔就从他的眼皮子底下溜走了。

说到这儿，程雨蒙清了清喉咙，对程石道：“这个小故事，就刚好说明了这个道理——机会永远只留给有准备的人，在机会面前，如果你没有足够的信心和勇气把握它，那么它就会从你的身边溜走。”

听了这么多，原本心浮气躁的程石也渐渐冷静了下来，借此时机，他抬头看向程雨蒙，话里有话地道：“愚者错失机会，智者善于抓住机会，成功者创造机会，在你眼里，我现在是哪种人？”

“你是……”程雨蒙欲言又止，露出了一排洁白的小牙，“你猜？”

“切！”懒得和程雨蒙玩“文字游戏”的程石自顾自地站起身，“罢了罢了，大不了我现在就去做，煮满满一大锅的大米饭，这样一来，不用等到明天，今天晚上就能吃到‘程氏蛋炒饭’了。”

是啊，想要获得自己想要的东西，空手套白狼并不是上策，只有提前准备，提前运作，才能确保在紧要关头万无一失。否则，命运的瞬息万变会让你措手不及，到时候你失去的，就不仅仅是一碗蛋炒饭那么简单了。

好在，越发成熟的程石一点就通，他不再感叹命运的多舛，也不再默哀人生的不如意，而是即刻行动，撸起袖子煮了满满一锅大米饭。程雨蒙将这一切看在了眼里，不知不觉间，欣慰的笑容挂在了嘴角，她想：亲爱的弟弟，你终于成长了。

## 不易察觉的机遇，需要人去识别

月考结束后，欧阳若芸向学校请了十天的假，原因是要随剧组拍摄电视剧。

这天下午，剧组刚好到学校附近进行拍摄。午休时分，欧阳若芸一个人悄悄地溜进校园，并在食堂里找到了正准备用餐的孟嘉嘉和高一诺，歪着头轻唤了一声：“Hi，Surprise！”

“你、你怎么在这儿？”孟嘉嘉瞅了瞅欧阳若芸头上扎着的丸子头，又看了看她身穿的粉色休闲装，没能掩饰住心中的惊奇，“你、你不是拍摄电视剧去了吗？”

“想你们了，刚好路过学校，跑来看看你们。”欧阳若芸嘿嘿一笑，像个没事人一样地拿起桌上的香蕉咬了一口，“这几天四处奔波，都没有好好吃上一顿，饿得我瘦了好几斤。现在，我终于知道电视上的那些明星为什么都那么苗条了，原来，都是活生生‘饿’出来的。”

“哈哈哈……”高一诺笑出了声，“那你也少吃点儿，保持一个好身材，我们未来的大明星。”

“别胡说，我的梦想是当一名电影人，”欧阳若芸端正坐好，一本正经地开口，“你们知道吗？我开设的‘电影王国’公众号已经有一千多个粉丝了，最近的一篇文章突破了一万的点击量，我打算坚持做下去。”

“这可由不得你！”孟嘉嘉神秘地眨眨眼，压低了声音道，“你知道吗？现在，你可成了咱们学校的大名人了！”说着，她看向闻声而来的宋敢言和江柯，“你看，你的‘粉丝们’都来了。”

果不其然。

一向大大咧咧的宋敢言竟然拘谨了起来，说：“欧阳若芸，以前我不小心踩碎了你的三角尺，这件事情是我不对。你大人不记小人过，千万不要记在心上。以后等你成为大明星了，一定不要忘了我。”

“你真是一棵墙头草。”站在一旁的江柯话虽这么说，但是他的态度也不同以往，来了一个一百八十度的大转弯，“我亲爱的同桌，以后只要是你吩咐的事情，我一定照办。还有，你能不能帮我要到周杰伦的签名……”

见两个大男孩像是小女生一样扭扭捏捏，欧阳若芸噗嗤一下笑出了声，说：“拜托，我饰演的只是一个小角色，连台词都不过十句话，怎么可能成为大明星，要到周杰伦的签名呢？你们啊……想太多！”

说到这儿，高一诺好奇地问道：“若芸，我可从没听说你学过影视表演，为什么会忽然之间去到剧组拍戏呢？”

“这……只能说我运气好，”欧阳若芸一五一十地道，“那天我上完钢琴课，就在补习班门口，听到了两个人的对话，一个人说‘找个合适的小演员可真难’，另一个说‘要不，你到附近的学校找一找’。听到这儿，我就凑了上去，问了一句‘你们在找小演员吗’？也就是这句话，让他们注意到了我，后来我才知道，他们是剧组里的选角导演。”

“再后来，你就通过了面试？”孟嘉嘉追问道。

“是的，”欧阳若芸点点头，“他们给了我一段台词，让我在十分钟之内背下来，并结合情景进行无实物表演。我没有学过表演，但是看过很多电影，我就照葫芦画瓢，按照自己的想法进行了表演，没想到导演当时就和我签了合约。”

“真羡慕你，”欧阳若芸的话音刚落，宋敢言就摸了摸自己的小寸头，深叹一口气，“其实，我小时候的梦想是当一个武打明星，只不过我没有这个机会，可惜了我‘闭花羞月’的容颜……”

宋敢言的话还没说完，孟嘉嘉就禁不住开口道：“拜托，‘闭花羞月’是形容女孩子的，你呢……充其量就是一个‘相貌端正’的男生。再说了，欧阳若芸之所以能够得到这个机会，也并不单单是因为她运气好，在我看来，是她主动抓住了机会，如果换做成你，可能就是不同的结果了。”

“切！以貌取人的家伙。”宋敢言说不过孟嘉嘉，干脆轻哼一声，强词夺理道，“你说我抓不住机会？换作是你，你也未必有欧阳若芸的勇气！”

“所以，我从不羡慕别人运气好，我只会从自身找原因，争取抓住每一个实现自己梦想的机会。”孟嘉嘉歪着头对答如流，“我从不抱怨。”

“你的意思是说，我总是抱怨？”宋敢言啧了一声，“‘孟大拿’，别以为你是女生，我就说不过你！我的嘴皮子，那可是天下第一的厉害。”

孟嘉嘉勾勾手指头，眉梢轻挑道：“我奉陪到底。”

面对孟嘉嘉和宋敢言的你一言我一语，欧阳若芸既觉得尴尬，又觉得好笑。为了避免事态往不可预知的方向发展，她赔着笑道：“机会有的是，下一次牢牢抓住就是了。我呢，也借此机会，好好体验了一把‘演员的人生’。”她摆摆手，对大家说：“我要走了，下午我还有两场戏呢！”

“加油。”孟嘉嘉莞尔一笑，“我的大明星。”

是啊，人生下来注定要和困难打交道，但同时，也会遇见各种各样的机缘。所以，我们不仅仅要具备战胜困难的勇气，还要有一双如鹰一般敏锐的慧眼，善于发现并把握机遇。就像欧阳若芸一样，当机会来到你身边时，转过身子牢牢地抓住它，久而久之，你会开拓不一样的人生。

## 亲爱的，不要计较暂时的得失输赢

在命运的棋局中，人们常常会陷入进退两难的境地，稍有不慎，满盘皆输。

对于这句话，江柯深有体会。此时此刻，他整个身子呈“大”字形地躺在寝室的地板上，一脸的丧气吓了刚进门的魏东东一大跳。“喂！”魏东东俯下身子凑近看了看，“这又是什么新把戏？”

“把戏？”江柯苦笑一声，“我现在，想死的心都有了！”

“别、别动不动就寻死觅活的，难道你忘记了你在球场上的飒爽英姿了吗？”说着，魏东东急忙把江柯扶起身，“到底发生了什么事？你告诉我，说不定，我可以帮你解决问题。”

“你？”江柯摆摆手，“算了吧，你又不会斗地主，刚刚我和204寝室的几个人斗地主，把我好不容易集齐的‘英雄卡片’全部输掉了，现在可倒好，我成了叫花子吃豆腐——一穷二白。”

“斗地主？”魏东东尴尬地挠了挠头，“我对棋牌类的游戏一窍不通，抱歉，这忙我还真帮不上。”他自顾自地坐到了椅子上，深叹一口气，像是在自言自语地道：“真是应了那句话，命里有时终须有，命里无时莫强求……”

见平时嬉皮笑脸的魏东东有些不同寻常，江柯蹭一下凑过去，说：“魏东东，你这是怎么了？我……我不是有意打击你的，男子汉大丈夫，我不过随口一说，我不在意那些‘英雄卡片’了。”

魏东东低下了头，说：“和你没关系，我只是在感叹这命运的多舛。你看，我上学期期末考试还是全班的第八名，这一次的月考，我那么努力却只考了第十一名，你的‘英雄卡片’没了，我的自行车也没了……”

“自行车？”江柯眨眨眼，“什么自行车？”

“我和我爸打赌，如果这一次月考稳居全班前十名，他就送我一辆自行车当作奖励。”说着，魏东东懊恼地摇摇头，“都怪我自己不争气。”

“别那么自责，考试结果已经出来了，现在后悔有什么用？”江柯宽慰道，“况且，这只是一次月考而已，只要期中考试考一个好成绩，你还是有机会得到自行车的。学习我的心态，你看，我从来没有因为考了倒数第一名而闷闷不乐。”

说这话的时候，从图书馆回来的程石一把推开了门，他见江柯坐在书桌前抿着嘴，脱口而出：“什么情况？”

“还不是因为你！”江柯转过身子，虎头虎脑地道，“要不是你发挥超常，考了全班第十名，挤了魏东东的位置，魏东东也不至于排到第十一名，让到手的自行车飞了。”

“什么乱七八糟的……”程石边说，边把寄来的几本书扔到了床铺上，“我考第几名，和魏东东有什么关系？再说了，我不是‘超常发挥’，这就是我的真实水平，我平时学习态度不端正，不代表我的学习成绩差。”

听到这儿，魏东东急忙插言，“就是，这件事情和程石没有关系，试卷是自己写的，成绩是自己得的，怪不了任何人。”说着，他看向程石，“程石，你这一次的成绩确实很让我们感到非常意外，难不成，你以前学习差都是装的？”

“我才没有那么无聊……”程石撇撇嘴，一五一十地道，“其实，初二的课程并不难，只要端正学习态度，肯花时间花精力，一周的时间就可以把之前落下的功课全部补上，任何人都可以有一个质的飞跃。”

“我做不到。”江柯头摇得像拨浪鼓，“我一看见书就头疼，尤其是看到书上的字，就像是看到了‘瞌睡虫’一样，止不住地打哈欠。我觉得，我上辈子一定和书有仇，这辈子书才这么不待见我。”

“别什么事都扯到上辈子，总给自己找借口和理由，怪不得你学习成绩那么差，”说完这句话，程石伸了个懒腰，“我期中考试的目标是保四争三，冲到全班前三名，第十名对我来说，只是一个过渡期，全在意料之中。”

“怎么可能！”魏东东和江柯异口同声地说。

“你疯了吧！”江柯掰了掰手指头，“一个上知天文下知地理的‘孟大拿’，一个‘拼命三郎’高一诺，再加上一个‘考神’欧阳若芸，她们三个女生可是咱们班雷打不动的前三名，想要超越她们？四面都是墙——门都没有！”

“不试试看怎么知道呢？”程石不以为然地耸耸肩，“都是两只眼睛两只耳朵，她们女生能做到，凭什么我们男生做不到？再说了，她们只是暂时领先而已，笨鸟还能先飞呢，你们怎么知道我不能后来居上？”

程石这句话是说给自己听的，但却被因为成绩退步而苦恼的魏东东听到心里去了。“没错，输赢得失都是暂时的，我没有必要因为一次考试的失利自哀自怜，我应该吸取教训，继续努力才对。”说罢，他一把握住了程石的手，“程石，谢谢你！”

“哈？”程石一愣，有些受宠若惊，“我可什么都没做……”

“你什么都没做，但听君一席话胜读十年书，你打开了我的心结。”魏东东咧嘴一笑，露出一排洁白的小牙，“我们一起努力，我的下一个目标是，冲回班级前八名！不达目标，誓不罢休！”

看到这儿，江柯拍了拍手掌，灵光一现：“你们一个第十名，一个第十一名；一个要保四争三，一个要冲到班级前八名。依我看，你们干脆互为竞争对手算了，我呢，做你们的见证人。”

“这是一个好主意！”魏东东看向程石，“你觉得呢？”

“随便。”

程石的口吻一如既往的冷淡，只不过没有人察觉到，在他的内心深处，已经点燃了一束小小的火苗。此时的他，有信心迎接任何挑战，并且他相信，只要肯努力，他一定会比以前更加优秀。

## 等风来，不如追风而去

为了拓展学生们的学习生活，程石所在的学校每隔一段时间都会邀请一位知名学者为同学们做演讲。这一次，学校有幸邀请到了当地一位著名的生物学家，为大家讲述《生物的奥秘》。

下课铃声刚刚响起，孟嘉嘉就拽着程石的衣袖催促道：“你是男生，你跑得快，快！快帮我们去礼堂占座位！”

相比之下，程石却显得漫不经心。他将课本放到一边，不慌不忙地站起身，这才应了一句“知道了”，然后他拖着脚走出了班级。尽管他一路小跑，还是没能抢到前三排的座位。对此，高一诺表达了她的不满：“我就知道，这件事交给你，一点儿都不靠谱。”

“不然呢？你自己来？”程石撇撇嘴，“自己的事情自己做，这个道理连三岁小孩都知道。还有，在埋怨别人之前，先看看自己能不能做到。”

“你！”高一诺一肚子气，但又自知理亏，最终只能嘟起嘴，没有了下文。

坐在他们身后的江柯探过头，不嫌事大地道：“没错，这件事情，我站在程石这边，叫你们平时总是欺负我们。现在，遇到对手了，说不过了吧？”

吵吵闹闹中，生物学家已经不动声色地站上了讲台，他的个子不高，戴着一副近视眼镜，整个人在灰色西装的衬托下显得文质彬彬。他先是做了自我介绍，紧接着问同学们：“在座的各位同学，请问你们多少人喜欢生物学？”

霎时，台下鸦雀无声，同学们你看看我，我看看你，没有一个人敢举手相应，就连最喜欢上生物课的高一诺，也做了缩头乌龟，不敢吱声。随后生物学家又问：“请问，在座的各位，有谁喜欢上生物课？”

“我！”这时，一个声音洪亮的男孩子举了手，只是当他发现这个会场只有他做出了回应时，他又小心翼翼地放下了手，说了一句：“不好意思，打扰了，您继续。”顿时，他滑稽的样子惹得全场哄堂大笑。

可生物学家并不觉得好笑，随后，他缓缓走下讲台，看着那个男生说：“这位同学，你叫什么名字？”

“我……我叫唐笑，是一名初三的学生。”唐笑说罢，竟有些手足无措。

生物学家和蔼地一笑。“非常好，大家都应该向唐笑学习，学习他敢于表现自己。”说着，他若有所思地走回讲台，转移了话题，“在演讲开始之前，我想先给大家讲一个故事，一个发生在我身上的真实故事……”

在生物学家还在英国留学时，有一次，他随同学们一起到礼堂听讲。当时，他发现了一个奇怪的现象——无论是谁，他们都会拿出一张白色的卡纸，并将白纸对折，立于桌面上，而卡纸上，则用记号笔大大地写上自己的名字。

此情此景让生物学家大为不解，直至询问后，他的朋友才笑着道：“我们来这里听课的目的不仅仅是为了‘充电’，更是为了创造更多的机会。当我们在回答问题时，讲师们可以直接看到我们的名字，这样一来，或多或少会加深我们在讲师心中的印象。”

事实也是如此，生物学家发现，那些常常举手发言的同学，在演讲结束后，讲师们都会记住他们的名字，并很愿意和他们进行更加深入地交流，而那些默默无语的学生，因为胆小懦弱，失去了和讲师们沟通的机会，只能一个人独自离开。

讲到了这儿，生物学家看着同学们，言归正传：“现在的你们就像是当时的我，我没有为自己准备卡纸，也不敢举手发言，所以直到现在，那位讲师还不知道我的名字，所以，我希望你们都向唐笑同学学习，敢于表现自己，主动争取每一个实现自我价值的机会，这样，你们身上的闪光点，才会被别人发现……”

生物学家的一席话让同学们陷入了深思。没错，在如今人才辈出的社会中，竞争前所未有的激烈，如果想要在最短的时间里独占鳌头，唯一的做法就是抓住每一个证明自己的机会，让别人看到你的长处。

好在同学们渐渐明白了这个道理，在接下来的演进过程中，会场的气氛异常活跃，无论对生物学感兴趣，还是不感兴趣的同学，都积极主动地参与进来，就连原本不屑一顾的程石，也举手回答了好几个问题。

演讲结束后，孟嘉嘉伸了一个懒腰：“时间过得可真快，我还没听够呢。”

“是啊，”高一诺附和道，“这是我听过的最有趣的一次演讲。”她转眼看向程石又说：“你不是对生物学不感兴趣吗？为什么刚刚你举手的次数比我还要多？我想，讲师一定记住了你的名字。”

“我……”程石竟不知道如何开口，“我只是觉得这位讲师说得很有道理，想要证明自己的实力，就要展现自己，想办法让别人注意到你，等风来不如追风去，所以我不由自主地就……”

“就什么？”欧阳若芸追问。

“就变得自信起来了。”说完这句话，程石尴尬地一笑，“就像是讲师说的那句话，在竞争激烈的今天，是主动出击还是被动选择，选择权都在自己的手里，我自我放弃了一段时间，现在，我不想做缩头乌龟了。”

“所以，这一次的期中考试，你真的有信心超过我们？”欧阳若芸眨眨眼，等待着程石的下文。

“有，”程石不假思索地点点头，“如果期中考试没能如愿，还有期末考试，总而言之，我绝对不会放弃，我说话算话。”

“大丈夫一言既出，驷马难追。”说完这句话，孟嘉嘉站起身子，回眸一笑，“我们从来都没有小看过你，也请你不要小瞧我们的实力。你说要努力，我们比你还要努力，这样，你就追不上我们了。”

程石道：“如果我真的超越了你们，到时候，请不要哭鼻子哦！”

“我们才不会呢！”欧阳若芸吐了吐舌头。“愿赌服输，如果你真的凭借自己的努力超越了我们其中的任何一个，那我欧阳若芸就拜你为师！反之，你拜我们其中一个人为师。”说罢，她伸出一根小手指，“敢不敢和我打这个赌？”

“切！打赌这种事情是小孩子才喜欢玩的把戏。”只是话刚说完，程石就伸出了小手指，“只不过，我愿意接受挑战，免得你们说我是胆小鬼。”

就这样，程石正式在自己的竞争对手面前表明了态度，无论如何，他都会在最后这不到一个月中全力以赴，因为他知道，努力不一定会成功，但一定会有所收获。所以，在等风之际，他毅然决然地选择追风而去，并在下一个路口，期待和最好的自己相遇。

## 当机遇摆在眼前，再难也要迎难而上

还记得那个因为身材肥胖而自卑的女生吗？

这天午休，这个女生毫无征兆地出现在了初二（3）班的教室门口。她一会儿踮起脚尖从窗户往里看，一会儿躲在门后踟蹰不前，慌里慌张的样子看起来似乎隐藏着不为人知的秘密。

是江柯第一个发现她的。

当时，江柯正在和同学们讲冷笑话，不经意间，他从窗口看到了一个鬼鬼祟祟的身影。“小偷！”他猛地站起身，指向窗口的方向，不假思索地道，“你们看，那里有小偷！”

小偷？

同学们顺着江柯手指的方向看去，果不其然，只见窗口上的人影只露出了半张脸，她见有人注意到了她，便下意识地缩回了脑袋。孟嘉嘉禁不住咦了一声：“好像是……”

走廊里，孟嘉嘉和欧阳若芸倚靠在墙壁上，眼睛一眨不眨地看着支支吾吾了半天也没有说出个所以然的女生。孟嘉嘉莞尔一笑，率先开口：“你专程跑来找我们，一定不是为了和我们玩‘木头人’的游戏吧？”

“不是、不是，”手足无措的女生深吸一口气，“我……我来是有急事相求……”

“说说看吧！我们会在力所能及的范围内帮助你。”欧阳若芸歪着头，晃了晃头上的双马尾，模样很是可爱。

似乎是感受到了孟嘉嘉和欧阳若芸的真诚，女生抿抿嘴，说出了她的来意，“广播站的老师让我主持这一次的校园运动会，我……”她顿了顿，有些无语伦次，“我很想尝试着去做，可是一想到我要在全校师生面前讲话，我就……我就……”

“就感到紧张和不安？”孟嘉嘉接过话。

“是，而且我还很害怕。”女生一五一十地道，“平时在广播站里，都是我一个人在广播，同学和老师只能听到我的声音，看不到我的样子。我已经习惯了在一个小小的空间对着麦克风自说自话，我也很享受广播时的状态，但忽然让我面对大家，我真的毫无心理准备，有些手足无措。”

“那你拒绝了吗？”孟嘉嘉又问。

“还没有。”女生摇摇头。“我和广播站的老师说考虑一下，但是老师说，今天放学前必须要给她一个答复。”说到这儿，女生的眼圈都红了，“没有办法，我只能找到你们，让你们帮我出出主意。”

“其实，这件事情还是得靠你自己。”欧阳若芸说话了，“每个人在初次尝试某件事情的时候，都会因为不安而害怕，我也是一样。前些日子我到剧组里拍戏，原本我只是一个无关紧要的小角色，但是因为对环境陌生，止不住地紧张、害怕，最终导致我表情僵硬，重拍了好几条。”

听到这儿，女生抬起头来说：“然后呢？”

“没有人能够帮助我，我只能自己给自己加油打气。于是后来，我慢慢找到了感觉，并且渐渐发现，其实我所做的事情并没有那么可怕。”说到这儿，欧阳若芸停下来想了想，接着道：“都是自己的心态在作祟，你仔细想想看，同样是说话，面对很多人说话，和面对一个人说话，有什么不同呢？其实，根本就没有什么不同，只是自己吓自己罢了。”

欧阳若芸的一席话让原本心烦意乱的女生顿时平静了下来。可是，尽管她明白了这个道理，还是没能下定决心，沉默许久，她才唯唯诺诺地开口：“我怕我做不好，辜负了老师对我的期望……”

“你连尝试都没有尝试，为什么断言自己一定会做不好呢？”孟嘉嘉边说，边看向挂在墙上的扩音器，“想想看你竞选广播员的时候，当时你也说自己做不好，可结果呢？你打败了所有的竞争对手，做得非常好，让我们都刮目相看。”

“我……”

女生低着头，欲言又止。可就在这个时候，不请自来的程石停在了她们的身边，见眼前的女生有些面熟，他禁不住道：“你怎么在这儿？”

这一次，女生不再犹豫，又把自己的烦恼向程石陈述了一遍。听后，程石哭笑不得地张开口：“这么简单的问题，你都想不明白？当然是抓住机遇，借此机会证明自己了，怎么，难道你又想要做临阵逃兵？做回同学眼中的胖女孩？”

“我还没想好。”女生尴尬地一笑，“我没有你们那么勇敢，我总是这样优柔寡断，我也讨厌这样的自己。”

“刚好，你可以借此机会证明给自己看。”程石一字一顿，

“你要知道，勇敢与懦弱只在一念之间，如果你肯战胜自己、突破自己，那你就是一个勇敢的人；如果你做一只缩头乌龟，那你就是懦弱的人。”

“勇敢的人和懦弱的人……”女生喃喃着。

“没错，选择权在你的手里，你可以选择突破自己，做一个勇敢的人；也可以选择做缩头乌龟，做一个懦弱的人。我们无权干涉你的选择，就看你想做一个怎样的人了。”说着，程石看向孟嘉嘉和欧阳若芸，“你们觉得呢？”

“我建议你做一个勇敢的人，”欧阳若芸接过话，“机会摆在眼前，即使再困难也要迎难而上，否则你永远都突破不了自己，无法挖掘自己的潜能。”

“我也建议你做一个勇敢的人。”孟嘉嘉附和道。“法国的‘科学幻想之父’凡尔纳，在他十八岁那年，他还是一个学习法律的学生。有一次，他顺着楼梯的扶手向下滑，却不料撞到了大仲马的身上，借此机会，凡尔纳向大仲马请教文学创作上的问题，从此，两个人成了好朋友，凡尔纳也走上了文学创作之路。”说罢，孟嘉嘉顿了顿，“凡尔纳就是因为抓住了机遇，尝试着改变自己，才成了法国著名的作家，现在机会就摆在你的面前，虽然是一个平凡的、小小的机遇，但谁能知道，它会给你带来多少改变呢？”

面对大家的开导和鼓励，终于，女生有了尝试和挑战自己的勇气。她做了一个深呼吸，犹豫着开口：“那我就……试一试？”只是说完这句话，她又点了点头，对着自己道：“那我就试一试。”

很多时候，一个不起眼的机会很可能给人带来一生的影响。可喜可贺，在大家的帮助和开导下，不自信的女生终于明白了这个道理，克服了心里的恐惧，选择迎难而上。

这天，趁着午休还没结束，女生来到了教师办公室。当她看到广播站的老师正在朝着她微笑时，不知道哪里来的勇气，霎时，她笔挺地站好，不再犹豫："老师，我想要试一试，我选择接受挑战。"

## 不去尝试，你永远不知道自己有多优秀

经过了一周的准备，校园运动会终于在敲锣打鼓中热热闹闹地拉开了帷幕。

此时此刻，那名女生正坐在主持台前，尽管她一遍一遍地对着自己说"不要害怕，不要紧张"，她的手心里还是一刻不停地冒着冷汗。直至孟嘉嘉特意走到台前，对她做了一个"加油"的手势，她才静下心来，开始了校园运动会的开场白……

"青春是一首歌，它婉转动听；青春是一幅画，它唯美恣意。今天，运动健儿们将在茵茵的草地上，用汗水谱写青春的诗章。我是校广播站播音员——陈冰，在这里，我代表全体师生，向各位运动健将献上最衷心的祝福，祝福他们在比赛中取得优异的成绩……"

随着《运动员进行曲》的奏响，各个班级组成的方队有秩序地走向台前。耳边响起陈冰激昂的声音："现在，为大家介绍的是初一（1）班的方阵。他们是积极向上的大家庭，他们朝气蓬勃，他们青春洋溢，他们不畏风雨，向阳而生，他们的口号是——'青春有我，绽放光彩'！"

在陈冰的介绍下，初一（1）班气势磅礴的口号声响彻了整个校园。紧接着，陈冰介绍了第二个方阵："接着，向我们走

来的是初二（2）班的方阵。阳光下，他们承载着希望，背负着梦想，他们用笑容展示他们的热情，他们的口号是——‘逆风飞翔，永不言弃’！”

看到这儿，站在初二（3）班队伍最前列，身穿着体操裙的孟嘉嘉对着欧阳若芸小声说：“陈冰一进入工作状态，就像是变了一个人一样，可真厉害！谁能想到，她前几天还找我们求救呢！”

“就是，”欧阳若芸边整理着手上的花球，边看向主持台的位置。“她就是不自信，喜欢胡思乱想。其实，她比她自己想象的优秀多了，”说着这话，她跟着前面的方阵向前走动了几步，“我想，经过这一次的实战，他们班级的同学一定不会再嘲笑她了，反而会对她刮目相看。”

与此同时，负责为班级举牌的程石忍不住转过身道：“喂！都快上‘战场’了，你们两个人还在叽叽喳喳地聊八卦！动作都记住了吗！”

“这还用问，当然记住了，”孟嘉嘉眉梢轻挑，反问道，“怎么，你紧张？”

“我……我第一次举牌。”程石实话实说，“我走在最前面什么都看不到，我怕到时候出洋相。”

“怕什么，你在国旗队里走方阵的时候，也没见你紧张！别怕，你只管像练习时那样抬头挺胸地向前走，剩下的，都交给我们，保证完成任务！”说罢，欧阳若芸拍了拍胸脯，“我们一定可以成功的！”

转眼间，就轮到了初二（3）班的方阵。

不知道是不是因为看到了好朋友，陈冰的声音都激动了几分：“‘恰同学少年，风华正茂’，看！迈着整齐的步伐，英姿飒爽地向我们走来的是初二（3）班的方阵。自信的笑容代表着勇敢的追求，嘹亮的口号代表着必胜的决心，他们的口号是——‘挑战自我，超越自我’！”

在激昂的进行曲下，孟嘉嘉和欧阳若芸舞动着身躯，尽情地摆动手中的花球，她们脸上灿烂的笑容，瞬间吸引了所有人的眼球。相比之下，程石也毫不逊色，此时此刻，他目视前方，双脚铿锵有力地踩踏着地面，阳光下，他的侧颜是那么的俊朗。

检阅结束后，程石终于呼出一口气：“其实也没有我想象的那么难。”

“那是当然，很多时候，就是你自己吓自己罢了。”换上运动服的孟嘉嘉甩了甩高高扎起的马尾辫，语重心长地道，“以前我也会因为怕表现自己而怯场。但是后来，我渐渐发现，紧张和害怕没有用，你不能一辈子都藏着掖着。所以，我干脆豁出去了，当心态调整好后，我就再也没有怯场过了。”

“所以，现在的你才变得这么优秀。”程石难得没有吝啬他的赞美，“我要向你学习。”

谁知话音刚落，孟嘉嘉就愣在原地，顿了三秒：“程石，你没事吧？待会儿你还要代表班级参加八百米比赛呢！”

“我是认真的。”程石看着孟嘉嘉，口气也变得柔和，“以前我总是把自己包裹得像是一只长满刺的刺猬。我觉得所有人都不了解我，只有我自己了解我自己。后来我慢慢发现，其实最不了解我的人，竟然是我自己。在你的身上，我学到了很多正能量的东西，现在，我也渐渐了解自己了。”

“了解到什么了？”孟嘉嘉眨眨眼睛，好奇地问道。

“了解到了自己的懦弱，比如很多时候逃避是没有用的，要迎难而上；了解到即便是再伪装，也没有办法掩饰我好胜的心，掩饰不如做自己来得轻松自在。还有，我发现颓废并不适合我，我还是喜欢积极向上的人生。”说完这一席话，程石低头笑了笑，“这些道理，我竟然明白得这么晚。”

“只要你肯改变自己，突破自己，什么时候都不算晚。”孟嘉嘉会心一笑，“好了，不要因为过去而感伤，美好的生活还在后头呢！”说罢，他指向赛场上的江柯，“你要学学那个没心没肺的小子，你看他多快乐。”

“我才不要向他学习呢！”程石撇撇嘴，“他的学习成绩那么差。”

“那就继续向我看齐！”孟嘉嘉开朗地笑出了声，“我们一起加油。”

“加油！”

赛场上，运动健儿们个个精神抖擞，蓄势待发，阳光洒落在他们的身上，泛着金色的光芒。此情此景，像极了在生命长河中的追梦人，他们不畏艰险、不畏风雨，一往无前地向前奔跑，最终拥抱属于自己的阳光。

## 时间不等人，你准备好了吗？

欧阳若芸是一个电影迷。为了更直接地记录电影带给她的感受，她在一年前就创建了一个名为“电影王国”的公众号，时常在上面发表对电影的观后感，向志同道合的人士推荐自己喜欢的电影。

这天晚上，欧阳若芸在孟嘉嘉的推荐下看了一部名为《时间规划局》的电影，电影的背景是一个虚拟的未来世界。在未来，人们的生理特征永远被定格在二十五岁，当过了二十五岁，人们最多只能再活一年，如果你想要继续活下去，就必须通过各种方式获得名为“时间”的货币。如果你是一个富人，你可以延年益寿、长生不老；但如果你是一个穷人，就只能眼睁睁地看着生命走向枯竭……

这部电影的整体构思看上去天马行空，完全不切实际，但是欧阳若芸看后，却陷入了沉思。她坐在电脑前，纤细的手指放在了键盘上，沉默了好久都没有打出一个字。直至隔日，她才向孟嘉嘉说出了她的困惑：“亲爱的，你推荐的那部电影我看完了，可是，我却不知道如何用文字表达自己内心的情感。”

“怪不得我没有在你的公众号中看到新的文章。”说着，孟嘉嘉拉着欧阳若芸坐了下来，“我可以理解你的心情，这的确是一部值得人们深思的电影。在这部电影里，‘时间’是主角，其他所有的一切都是配角，如果换作是我，我也不知道从何写起。”

“这部电影让我想到了时间的宝贵。在电影中，人们可以通过各种各样的方式换取时间；但是在现实生活中，时间看起来用之不竭，但又是那么的短暂。如果真的到了生命的尽头，我们没有任何能力为自己换取时间。”说到这儿，欧阳若芸垂下了眸子，“一想到这些，我的心情就难以抑制的低落。”

“时间，确实在有些时候是一个很沉重的话题。”孟嘉嘉会心一笑，温声细语地安慰道，“但是你有没有想过一个问题，你没有办法在生命的尽头为自己谋取时间，但你可以在当下为自己争取更多的时间，可以从‘珍惜时间’的角度出发，写一篇观后感，我觉得，读者一定会喜欢的。”

孟嘉嘉的一席话如同醍醐灌顶，让欧阳若芸顿时豁然开朗了。“对啊，与其惋惜时间的流逝，不如感叹时间的宝贵，这正是电影想要表达的思想。”说着，孟嘉嘉想起了电影中的一个片段，“你还记得那个和时间赛跑的母亲吗？她为了能再见儿子一面，不顾一切地在马路上奔跑。”

“我看到这里的时候，眼眶都红了，”孟嘉嘉赞同地道，“我因他们的亲情而感动，更为她与时间赛跑的执着和勇气而动容，时间的重要性，在那一刻体现得淋漓尽致，它好像公平，又好像不公平，就像是‘优胜劣汰’的今天。”

“所以，我要把这个片段写到观后感里。”欧阳若芸当机立断，“就这么定了！”

与此同时，站在一旁等候多时的江柯不耐烦地敲了敲桌子，说：“孟嘉嘉，你为什么总是坐我的座位，我已经等了你五分钟了！”

“啊，对不起，”孟嘉嘉急忙起身，“我为我耽误了你的五分钟，而向你道歉。”

“什么情况？”江柯眨眨眼，一脸的莫名其妙，“我还是第一次听说，有人为了‘时间’而道歉的。”

“浪费时间，就是浪费生命，我浪费了你五分钟的时间，就等于浪费了你五分钟的生命，所以，我当然要向你道歉。”孟嘉嘉说得合情合理，见江柯愣在原地一动不动，她灵机一动，转移了话题，“江柯，你觉得时间对你来说，是什么？”

“它就像空气一样，看不见摸不着，但是又是人不能没有的东西。”江柯想了想，脱口而出。

“没了？”孟嘉嘉还在等待江柯的下文。

“呃……”江柯把手放在下巴上，冥思苦想了一番，“还有，它很宝贵。”

“哟！在你的嘴巴里听到时间宝贵，可真是太阳打西边出来了。”欧阳若芸惊奇地摆摆手，“请问江柯同学，你有珍惜你的时间吗？比如……在理应奋斗的时间里好好学习？”

“学习虽然重要，但是有一个健康的体魄也一样重要，相比于学习，我宁可把时间用在体育锻炼上。”说这话的时候，江柯撇撇嘴，显得理不直气不壮。

欧阳若芸噗嗤一笑：“也是，你的时间是你的时间，我的时间是我的时间，我们的时间虽然一致，但是互不干涉，我只管好好过好我的时间就是了。”欧阳若芸站起身，看着江柯问道：“我要去图书馆了，你去吗？”

“我不去，”江柯摇摇头，“我要趁着你去图书馆，难得安宁的片刻，好好睡一觉。”

“小心时间从你的睡梦中匆匆溜走哦！”霎时，欧阳若芸想起了朱自清的《匆匆》，“燕子去了，有再来的时候；杨柳枯了，有再青的时候；桃花谢了，有再开的时候。但是，聪明的你告诉我，我们的日子为什么一去不复返呢？”说着，她拍了拍江柯的肩膀，重复道：“告诉我，时间为什么一去不复返呢？”

面对欧阳若芸的提问，江柯想了半天，愣是没有想到答案。

孟嘉嘉道：“‘时间’确实是一个沉重但又充满正能量的话题，只是其中的奥秘还多着呢！它在等待着我们去发掘。”

没错，时间的奥秘还多着呢！

如果你参透了名为《时间》的书，那么恭喜你，时间会成为你最强有力的武器，协助你实现梦想，达到顶峰。反之，你只能在混混沌沌中度过一生，最终时间都去哪儿了？恐怕连你自己也不知道了。

# 第五章
# 沉得住气，你的未来，需要自己买单

## 将一切化繁从简，世界就会变得与众不同

这天午休时分，江柯临时被历史老师叫到办公室，帮忙裁剪余下几节课的历史试卷。这本是一件再简单不过的小事，可是江柯去了二十分钟还是没有回来。对此，欧阳若芸找到了孟嘉嘉，不安地道：“你说，江柯该不会又偷懒，跑到操场上玩了吧？”

“有这个可能，”一想到江柯平日里懒懒散散的表现，孟嘉嘉跟着担心起来，“如果他完不成历史老师布置的任务，那岂不是和我上次一样，耽误了大事？”想到这儿，孟嘉嘉转身看向程石，对他说：“你是江柯的室友，你去办公室看一看，他究竟在做什么？”

“为什么是我？”程石苦笑一声，“你们该不会真的觉得，他连这么简单的小事都做不好吧？他又不是小孩子。”

“已经二十二分钟了。”欧阳若芸抬起手腕上的手表，“不怕一万，就怕万一。”

半推半就中，程石来到了老师办公室。此时此刻，江柯正在椅子上端正坐好，手拿着剪刀笨手笨脚地裁剪着试卷。见推门而入的人是程石，他像看见了“救星”一样地高呼一声：“天呐！终于有人帮我了。”

当程石看到一桌子被裁剪得歪歪扭扭的试卷时，他顿时一个头两个大：“二十多分钟，你就裁剪了不到五分之一的试卷？

而且，还弄得乱七八糟的，你说，怎么向历史老师交代？”

“拜托！我已经使出了‘洪荒之力’。”说着，江柯放下剪刀，“我也觉得纳闷，历史老师怎么搞的？他竟然让我一个五大三粗的‘老爷们儿’做这么精细的活，真的太高估我的动手能力了。”

“我看也是，这么简单的事情你都做得这么糟糕，的确是高估你了。”说着，程石找到了一把直尺，只见他一次性拿出了十几张试卷，将它们整理整齐，随之刷的一声，试卷沿着直尺的边缘被裁开，丝毫没有破损。

此情此景，让江柯目瞪口呆：“什么情况！我辛苦了半天，还不如你一秒钟来得快？你也太聪明了吧！”

“不是我太聪明，而是你太笨，不懂得找更便捷的做事方法。”程石无奈地摇摇头。“你用剪刀一张一张地裁剪，一个年级三四百张试卷，要裁剪到什么时候？”说着，他又用刚刚的方法裁剪了十几张试卷，“你看，这样岂不是轻松多了？”

在程石的建议下，江柯也找来了一把直尺，当他轻而易举地一次性裁剪了多张试卷时，他的脸上终于露出了笑容：“程石，你果然是我的‘救星’！”

“唉……你还是想一想，那些被你裁剪坏了的试卷怎么办吧……”说着，程石拾起那些试卷，将它们的边缘对齐，由于修剪的空间较小，直尺派不上用场，他便灵机一动，用铅笔在修剪的位置上画上了一条直线，这样一来，即便是剪刀，也可以修剪得整整齐齐。

“又学了一招！”

江柯学以致用，很快，他就将那些破损的试卷边缘修整完毕，与此同时，程石已经帮助他裁剪了近乎一半的试卷了。程石伸了一个懒腰道："方法教给你了，余下的你来吧！"说罢，他便走出了办公室。

当程石回到教室，把刚刚发生的事情讲述给孟嘉嘉听时，她差点儿笑岔气："这个江柯，平时性格大大咧咧，不拘小节，没想到脑袋却那么死板，完全不懂得为了提高做事效率而找方法。"

"所以，我现在终于可以理解，为什么他每一次考试都是全班倒数第一了，原来，他是真笨。"程石云淡风轻地接话。

说到这儿，孟嘉嘉想起了曾经看过的一本书，她顿了顿，缓缓开口："我曾在书上看到过一句话——将'简单'的概念运用到日常生活中，做事就会事半功倍。在学习和工作中也是如此，学会将复杂的事情简单化，才是重中之重，很多人之所以总是做无用功，就是因为缺乏焦点导致的。"

"简单来说，想要提高办事效率，就必须要避免重复做同样的事情或不必要的事情，化繁从简，一步到位。"说着，程石看向孟嘉嘉，"我把你刚刚的叙述化繁从简了，是不是更加通俗易懂了？"

"拜托，你这是钻牛角尖！"孟嘉嘉故作生气地嘟起嘴，不过当她看到程石眼中略带挑衅的笑意时，瞬间破了功，"真没想到，我们做同桌这么久，终于在这件事情上达成了共识。"

"英雄所见略同，"程石挑挑眉，拿出了上节课的随堂笔记，"将事情化繁从简，就像这随堂笔记一样——简单明了，将课本上的知识点浓缩在一起，可以用最少的时间集中记忆和复习，提高学习效率。"

"你还是我之前认识的程石吗？"孟嘉嘉惊叹出声，"短短几天，你像变了一个人一样。我说得没错，你果然是一匹黑马，而且是一匹充满了无限能量的黑马……”

程石道：“我还是我，但，是更优秀的我。”

## 没有过不去的坎，只有想不开的人

这天在学校附近的超市门口，程石看到了他曾经的同学——张天。

张天是一个外表青春靓丽，性格古灵精怪的女孩子，她平时最喜欢的事情就是聊八卦。当她确认货架前的男生不是别人，正是她初一时的同班同学时，她惊奇地叫出了声：“程石？”

陌生而又熟悉的声音让程石的身子一颤，猛地，他转过身子，皱起了眉头说：“张天？你怎么在这儿？”

“碰巧路过，进来买一瓶矿泉水。”说着，张天晃了晃手中的矿泉水，还不忘犯了一下“花痴”，“你还是老样子，高大帅气，一点儿都没变。”程石敷衍着笑了笑，放下了手中把玩着的钢笔，想要逃离这里。谁知张天不遂他的心愿，挡住他的去路，说：“你知道吗？你忽然间转学，没有半点儿征兆，全班同学都在议论你。”

“他们议论谁，和我有关系吗？”程石摆出了那张冷漠脸，眼中闪过一丝不悦，“我不想和你聊以前的事。”说罢，他转过身子，选择绕道而行。

对此，张天持有不同的看法，她快步走到门口，再一次追上了程石，问：“你快告诉我，你为什么要转学？难道，真的像同学们说的那样，因为期末考试输给了隔壁班的同学吗？”

“你有完没完！”不想再提起那件事的程石猛然停下脚步。

他犀利的眸子一眯，冷眼看着张天，一字一顿，“我再说一遍，我不想和你聊以前的事，现在不想，以后也不想！”说完，他又补了一句：“不许再跟着我！”

张天觉得委屈，只好可怜巴巴地站在原地，目送着程石的背影渐渐远去。可是好奇心旺盛的她又不死心，于是，她想了一个办法——跟踪！

说干就干！

张天弯着身子，一路鬼鬼祟祟地跟踪，生怕一个不小心被程石发现。好在程石所在的学校离超市并不远，也就不到两百米的路程。此时此刻，毫无察觉的程石走进了学校，好巧不巧，又和江柯和魏东东撞了个满怀。

此情此景，被躲在门卫处后的张天看了个一清二楚，直至与程石分别的江柯和魏东东走出校园，她才呼出一口气。本着“机不可失，失不再来”的想法，张天壮着胆子探出身子，向他们打了个招呼：“你们好。”

“你好。”见眼前的女生有些陌生，魏东东停下脚步，“有什么事吗？”

“你们是程石的同学吗？”张天开门见山地问道，“我刚刚看到你们站在一起说话。”

“不仅是同学，我们还是他的室友。”说罢，江柯撇撇嘴，“你该不会也是那小子的‘粉丝’吧？抱歉，我们不会帮你送信的，要送，你自己送。”

“不、不是，”张天尴尬地一笑，竟不知道从何说起，“我是程石以前的同班同学，我刚刚和他在超市偶遇，可是他对我爱搭不理，就是不告诉我他转学的原因。你们知道，他为什么转到这个学校来吗？我真的很好奇。”

“不知道。”魏东东想了想后摇摇头，“我曾问过他，可是他就是不说，我们也很好奇。”

“那就是了……”张天自顾自地嘀咕一声，随后莞尔一笑，“没事了，谢谢你们，还有，我找你们的这件事情，千万不要告诉程石，他一定会生气的！”

殊不知张天的自言自语吊起了魏东东的胃口，借此时机，他压低了声音，神神秘秘地问道：“你刚刚说‘那就是了’是什么意思？难道……你知道程石他为什么转学吗？快说来听听！”

“我只是猜测，”张天环顾四周，见并无他人，便一五一十地道，“在上学期期末考试时，程石和隔壁班的同学打了赌，因为他一向成绩优异，又自信满满，所以我们对他抱有很大的期望，可是考试的结果却不尽如人意，这件事情过了没多久，他就忽然转学了。”

“原来是这么一回事，怪不得他刚来学校的时候，一副自我放弃的样子，原来是遭受过打击。”说着，江柯看向魏东东，“真没想到，那小子没有说谎，他以前的学习成绩的确比我好。”

“所以，我有点儿担心他。”张天吐露了心声，“我知道他是一个自尊心特别强的男生，经历了那样的打击后，一定会很难过的。好在我刚刚看到他的状态还不错，和以前差不多，还是那么冷酷。”

“他最近的确改变了不少，还扬言说期中考试要考到全班前三名呢。”说着，魏东东半开了一个玩笑，“我们会代替你照顾好他的，你就放心吧！”

回寝室的路上，江柯心里头总觉得不是滋味，沉默了许久，他缓缓开口：“以前就觉得那小子有事瞒着我们，他越是不说，我就越是好奇。现在可倒好，我知道了他的秘密，反而心里头怪怪的。”

“我也是，”魏东东顿了顿，语重心长地道，“书上说的那句话没有错——没有过不去的坎，只有想不开的人。因为一次考试的失利，他竟然妄自菲薄，自暴自弃，真是令人惋惜，好在现在的他重拾了信心，又找回以前的自己了。”

“所以，我们现在该怎么办？”江柯问道。

“我们就装作什么事情都不知道吧！”魏东东开朗地一笑，“过去的事情就让它随风而逝吧！我们也要向前看，不是吗？”

## 你要努力，但千万别着急

众所周知，欧阳若芸是一个多才多艺的女生，她勤奋要强，善于交友，可以说是班级里的“人气王”。但是她也有缺点——性子急，尤其是遇见棘手的难题时，她有极大的可能性会失去一贯的理智，把事情搞砸。

就拿上一次去图书馆的事情来说吧，欧阳若芸就是因为一时心急，才一不小心把孟嘉嘉和高一诺忘在一边，害得她们两个人在太阳下暴晒了半个多小时。好在她后来向她们承认了错误，这件事情才归于风平浪静。

只是习惯的养成并非一朝一夕，想要彻底改正陋习除了要严于律己，还要有时间的沉淀。这不，这天中午，欧阳若芸竟然和一张彩纸闹起了别扭，生起了闷气。

“欧阳若芸，你没事吧？”走到欧阳若芸身边的这一位是闲来无事的高一诺，她见欧阳若芸嘟着嘴巴一个人坐在座位上，而课桌上全部都是被她剪碎的彩纸，禁不住小心翼翼地问道，“这些彩纸……惹到你了？”

“除了彩纸，还有这把剪刀！”欧阳若芸说着，啪的一声把手里的红色剪刀拍在了桌面上，突兀的声响吓了高一诺一大跳。

“剪、剪刀怎么惹你了？”高一诺咽下了因为忐忑而滋生的口水，后退一步赔着笑脸道，“若芸，你该不会是在做美术老师留的作业吧……”

欧阳若芸有气没地方撒，直接把火气撒向了高一诺：“明知故问！如果我的手有你那么巧，我就不至于接连剪破五张彩纸了。”

原来，今天上午三班迎来了一节美术课，美术老师让大家准备好彩纸和剪刀，教大家如何用一双巧手剪窗花，还给同学们留了随堂作业——用彩纸剪出心中最美的窗花。起初的时候，欧阳若芸对剪纸很感兴趣，可是她的动手能力却赶不上她大脑的活跃度，她一着急，彩纸就被她剪坏了形状，所以她是在生自己的闷气。

得知了事情的来龙去脉，高一诺不知道是应该哭还是应该笑。想想看，无所不能的欧阳若芸，竟然被不值一提的剪纸难倒了，这岂不是天大的新闻？她清了清喉咙，宽慰道：“亲爱的，有些事情你不但要努力，还不能着急。”

“什么意思？”欧阳若芸抬头看着若有所思的高一诺，“这是老师布置的随堂作业，我当然着急完成了。”

“可是慢工才能出细活啊！”高一诺一语道破了玄机，“我们都是第一次接触剪纸，自然不会像老一辈艺术家那样轻而易举地剪出漂亮的窗花。我们要慢慢摸索，慢慢地剪，只有比仔细更加仔细，比认真更加认真，才有可能剪出我们心目中最美丽的窗花哦！”

高一诺的这番话说得慢条斯理，如春风化雨一般进入了欧阳若芸的心里。是啊，有些事情需要努力努力再努力，但心急吃不了热豆腐，一定不能太着急，这么通俗易懂的道理，她怎么就没有想通呢？

想到这儿，欧阳若芸恍然大悟。“天使！”她惊奇地拉住了高一诺的手，“一诺，你是上天派来拯救我的天使，你一句话就让我茅塞顿开了！”

“你也太夸张了吧……”高一诺露出了一对小酒窝，还不忘为欧阳若芸加油打气，“别着急，更不要灰心！来，我们两个人一起剪窗花，我相信只要用心剪，一点儿一点儿地处理细节，就一定可以完成最好的作品。”

说干就干！

高一诺拿来了她的美术工具箱，将一张正方形的玫红色彩纸沿着对角线对折，紧接着，将形成的三角形进行再一次的对折，将其两个锐角重叠在一起，再次折叠后，依旧将锐角对折，折纸就做好了！随后，她拿起铅笔，先在折纸上画了一个三角形，再看向欧阳若芸道：“你还没有想好画什么图案吗？”

“我……”想起自己一次又一次的失误，欧阳若芸有些心有余悸。

高一诺给欧阳若芸出了一个主意：“你就画蝴蝶的翅膀吧，虽然我没有尝试过，但是蝴蝶的翅膀那么漂亮，我想做成窗花的图样也一定差不到哪里去。”

这是一个好主意！

在高一诺的鼓励下，欧阳若芸重新拾起了信心，手握着铅笔在红色的彩纸上画了大大小小的圆圈，还用波浪线装饰了边缘，乍看之下有模有样。随后，她铭记着欧阳若芸对她说的话——你需要努力，但是不能着急！于是，她不再粗心大意，而是小心翼翼地握着剪刀，沿着绘制的图案进行修剪。奇迹发生了，这一次她的整个操作十分流畅，完全没有出现任何失误。

当彩纸被展开的那一刻，唯美的窗花像是向日葵一样的向阳绽放，看着来之不易的作品，欧阳若芸激动到说不出话来。她起身给了高一诺一个大大的拥抱，她想，千言万语的感激还是化作无声的拥抱吧，毕竟，她们会是一辈子的好朋友啊！

## 既然没有大树可以依靠，那就要全力奔跑

这周回到家，程石听到了一个好消息——他的表哥陆宥托福考试成绩接近满分。

为了祝贺表哥取得好成绩，周六一大早，程石就和程雨蒙一起，拎着一篮子水果来到了陆宥的出租屋。可谁知此时此刻，陆宥正发着高烧一个人躺在床上，连想喝一杯热水都没有人替他倒。

程雨蒙急忙递上了她削好的苹果说：“热水还在烧，你的冰箱里又空空如也，你还是先凑合着吃个苹果吧。”

陆宥吃力地坐起身子，这才看到程石也跟了过来说：“你们……你们怎么来了？来了，也不先说一声，我准备准备……”

“你都病成这样了，还准备什么？”程雨蒙口气强硬，但是心里着实心疼他。要知道，陆宥是一个非常要强的人，他虽然家境贫寒，但是从来都不会降低对自己的要求，每一次程雨蒙

见到他，他都是朝气蓬勃的，看到他生病，这还是第一次。

与此同时，程石也有点儿坐立不安说：“哥，我们还是去一趟医院吧？对症下药，病好得快一点儿。”

面对程石的好言相劝，陆宥强颜欢笑着摆了摆手说：“没事，只是受了点风寒，再加上加班熬夜作息时间不规律，抵抗力差，休息两天就好了。”

“你又加班了？”程雨蒙注意到了关键词，“你又要准备考试，又要上班，现在还要加班，你真当自己长了三头六臂，铁打的人，不会生病不成？”

“没办法，我的家庭条件不好，我只能靠自己。”说到这儿，陆宥深叹一口气，“出国留学的花费不是一笔小数目，加上我之前存的五万块，现在才刚够二十万，我必须要突破业绩，才能存够钱实现梦想。”说着，陆宥的电话铃声匆匆响起，见屏幕上显示的人为“李先生”，他急忙坐直了身子，回应了两声后，说了一句“我马上到”，就挂掉了电话。

“哥！”程雨蒙气得直跺脚，“你都发烧了，还想着工作！”

“李先生是一位大客户，他说要和我签合同，这可是一个大单子！”陆宥嘿嘿一笑，连精神都好了很多，“机不可失，失不再来。这个单子，无论如何我今天也要签下来，天塌下来我也不会放弃。”

“我不同意！”程石也跟着反对，“身体是革命的本钱，你弃自己的身体于不顾，就算赚再多的钱以后也无福消受。”只是说这话的时候陆宥已经麻利地换好了衣服，一头钻到浴室里洗漱了……

程雨蒙无奈地摇摇头：“别说了，他跟咱爸的性格一样固执，是个‘工作狂’，十头牛也拉不回来。”说着，她把水杯放到一边，“好人做到底，以防万一，我们还是一路为他保驾护航吧！”

咖啡厅里，身着黑色西装的陆宥就像换了一个人一样，此时此刻，他正游刃有余地和李先生进行最后的洽谈，他的一举一动、一言一行，都显出他的专业和教养。如果不是程雨蒙和程石看到了他生病在床的可怜相，他们简直不敢相信眼前的陆宥是个病人。

与此同时，程石轻抿了一口卡布奇诺，对着程雨蒙小心翼翼地道：“姐，别盯着了，依我看，他现在一点儿事都没有。”

“不行，我还是不放心，我得盯着。”程雨蒙扶了扶脸上用来遮掩的黑色墨镜，随之又往左侧挪了挪，“他这个人啊，就是喜欢逞强，小时候就这样，现在还是这副德行，一点儿都没变。”

“该说的也说了，该做的也做了，咱们已经尽力了，”程石耸耸肩，转移了话题，“姐，这家咖啡可真不错！你快尝尝。”

可是程雨蒙却没有一点儿心思品咖啡，她喃喃道：“其实，我挺同情他的，他和我们一样，从小也是父亲一个人带大，但是他没有我们幸运，他的父亲不是小说家，只是一个普通的工人。在学校里，他因为享受低保被同学瞧不起，但是他从来都没有自卑过，反而奋发图强，励志成为一个有出息的人。现在他工作了，也没有放弃对自己的要求，边挣钱边读书，还说要在三年内完成自己的留学梦。他说，他就是那个没有伞的孩子，必须要全力奔跑，才能不被淋湿。”

“没有伞的孩子，必须要全力奔跑，才能不被淋湿……”程石重复着这句话，忽然之间有些伤感，“听你这么一说，陆宥哥确实很要强，值得钦佩。”

“他是我们学习的榜样。”程雨蒙看着程石，一本正经地道，“想起我曾经因为小小的风寒就请假回家，一休息就是好几天，我真是自愧不如，我不应该那么娇气。”

“我……”程石想到了因为一次考试的失利，而妄自菲薄的那段过往，顿时有些语塞，“我也是一样，经常因为无关紧要的小事请假回寝室，但是现在不会了，我已经不是以前的自己了。”

说话这工夫，陆宥已经完成了交涉，他先是将李先生送出了咖啡厅，紧接着坐到了程石的身边：“喂！你们姐弟俩嘀嘀咕咕些什么呢？”

见陆宥一脸的喜悦，程雨蒙没有打击他的积极性，明知故问：“怎么样？单子谈成了？”

“不出意外，下午签约。”说完这话，陆宥大手一挥，“中午吃什么？我请客。”

“算了吧，”程石摆摆手，“我看到你为了赚钱，连身体都不顾，就不让你破费了，我们还是老老实实地回家吃泡面吧！”

“那怎么行？你们好心来看我，我怎么会让你们饿肚子呢！”说着，陆宥出了一个主意，“我们去吃火锅？”见程石和程雨蒙没反应，他接着道：“那就……去西餐厅吃牛排、蔬菜沙拉？”

“我们什么都不想吃，只希望你可以请假多休息几天。”程雨蒙打断了陆宥的话，“哥，我爸在我们小时候就患了颈椎病，医生让他多休息、多运动，可是他偏偏不听。现在倒是好，隔三岔五头晕眼花，我可不希望你步我爸的后尘。”

“和表叔相比，我已经足够幸运了。”陆宥认真地说，“我们都一样，都是追梦人，可是表叔努力了十几年，才看到了一点儿希望。但是我，比表叔年轻，条件又不如表叔好，我竟然比表叔先接近梦想，你们说，我是不是很幸运？”

“这……”程雨蒙和程石对视了一眼，“这是你努力换来的，是你应得的。”

“所以，我不能放松警惕，因为我不知道，当有一天我放纵了自己的懒惰，我还会不会如此的幸运？我赤着脚奔跑了那么多年，胜利就在眼前，我不希望自己的努力白费。”说罢，陆宥咧嘴一笑，露出了八颗小牙，“你们明白了吗？”

“明、明白了。”程石似懂非懂地点点头，“大人的世界，果然没有‘容易’二字。”

听程石这么一说，陆宥笑出了声。“对，大人的世界没有‘容易’二字，但只要足够努力，一切的梦想都会实现。”说着，他拍了拍手，“走吧，我也好久没有吃一顿大餐了，就当是替我改善一下伙食，好吗？”

程雨蒙看向程石，最终点了点头道：“那我们就恭敬不如从命，好人做到底吧！”

没错，人总是在不经意间慢慢成长，也渐渐在风雨中懂得人生没有“容易”二字。当我们的内心独立起来，就必须要学会一个人奔跑，一个人去做任何事情。无论是美好的、还是丑陋的，都要尝试着一个人去接受，这既是岁月带给你的烦恼，也是岁月给予你的礼物。

## 比你优秀的人还在坚持，你有什么理由放弃？

欧阳若芸是个电影迷，但最近却迷上了综艺节目，尤其是近期备受关注的《最强大脑》，每更新一期，她就禁不住在隔日对江柯说："你看看人家，都考上清华北大了，还在努力读书，你再看看你……"

"我怎么了？"江柯最不喜欢拿自己和别人做比较，"我会踢足球，他们会吗？"

"你也只会踢足球了，"欧阳若芸不留情面地说，"其他的，什么都不会。"

这天晚上，江柯止不住地在寝室里抱怨："我的那个同桌，总是拿我和《最强大脑》的选手做比较。他们是天才，而我就是一个俗人，我怎么可能比得过人家，真是莫名其妙。"

谁知此话一出，并没有得到室友们的同情。魏东东心直口快，对着江柯道："天才也是人，你也是人，说到底，没有什么不一样。"

"当然不一样！"江柯坐直了身子，一字一顿，"他们的脑袋是'最强大脑'，装的都是知识，而我的脑袋就是一个塑料桶，装的都是糨糊，一个天上一个地上，你们说，怎么可能会一样？"

"人的脑容量都是相同的，你拿它装知识还是装糨糊，都是你自己决定的，没什么不一样。"宋敢言接过话，"你要向我学习，人贵有自知之明，我从不把笨当作学习不好的理由，要怪，就怪自己没有学习的心。"

魏东东和宋敢言一唱一和，原本就觉得委屈的江柯憋了一肚子火，他干脆将注意力放在了躺在床上看书的程石身上，说："程石，你评评理，有他们那么落井下石的吗？还不是五十步笑百步……"

"是不是五十步笑百步我不知道，我只知道那些看起来比你优秀的人，确实比你还要努力。"说着，程石冷眼一瞄，"这一次的期中考试，你的目标还是全班倒数第一？拜托，你已经没有下降的空间了。”

“要你管……”

自讨没趣的江柯撇撇嘴，不想继续这个话题，殊不知程石却接过话，一字一顿地道：“刚刚我路过209寝室，我看到汪一喆带着他们寝室的几个男生一起在做英语的听力练习，我还听说他们已经自学了初二下半学期的所有课程，前不久刚众筹买了初三年级的教科书。”说罢，他看向窗外，喃喃道：“同在一个屋檐下，这就是人与人之间的差距。”

殊不知江柯却眉头一皱，脱口而出了一句：“汪一喆是谁？”

“你连汪一喆都不知道？”魏东东难以置信地惊呼了一声，“他就是咱们学校的风云人物——次次考试都是年级状元，还有他们寝室的那三个人，从来没有掉出过年级前十名，209寝室现在已经被称作‘状元寝室’了。”

“原来他就是汪一喆。”江柯的脑海中浮现出了一个身材矮小、长相也不起眼的男生，“他学习成绩那么优秀，闭着眼睛考试成绩都比我高，这么晚了还在做英语听力练习？骗谁呢……”

“我没有骗你，不相信，你可以自己去看。”说罢，程石站起身，推开了寝室门，“我陪你一起去。”

程石带着江柯一同来到了209寝室的门口。此时，房门紧闭，但可以在门外隐隐约约地听到播放英语短文的声音，事实大于雄辩，江柯不再狡辩，而是尴尬地笑着道：“他们还真是努力。”

“所以，他们成绩好是有原因的，如果你有他们一半的努力，你的成绩也可以名列前茅。”说完这句话，程石转过身子摆摆手，“我忽然想起我的数学练习册忘了做，我先回了，你慢慢听。”

“别！我和你一起，我也没做。”说着，江柯急忙追赶上了程石的步伐，跟随他一路回到了寝室。这一次，他没有再为自己找各种理由和借口，而是和程石一起工工整整地做完了数学作业。

没错，比你优秀的人比你还要努力，你有什么借口和理由说自己不行呢？种下什么种子，收获什么果实。就像汪一喆一样，他把一切的心思放在了学习上，他的学习成绩自然独占鳌头，而江柯呢？他的心里只有玩，每次考试稳居全班倒数第一，也不算稀奇。

只可惜，当下的江柯还没有完全明白学习在生命中应该占据的比重，好在他渐渐明白了一个道理——天才之所以能够成为天才，是有原因的。也希望他在不久的将来，可以向程石一样及时发现并改正自己的错误，端正学习态度，做一个积极向上，为了明天而努力的阳光少年。

## 成功绝非偶然，而是努力后的必然结果

这一天，在初二（3）班的教室里，出现了一个不速之客。

它是一只小小的蜗牛，小小的脑袋上有两个长长的触角，它还有些怕人，这不，宋敢言刚用手指碰碰它，它就把脑袋缩回去了。同学们觉得新奇之余，更为关注的一个问题是——它从哪儿来？

有人说他亲眼看到这只蜗牛是从窗口爬进来的，对此，宋

敢言发表了不同的看法："不可能！它又不是麻雀，扇扇翅膀就能飞到十米高，它是一只蜗牛，一只指甲盖大的蜗牛，它怎么可能顺着墙壁爬到三楼？"

对此，高一诺发表了不同的看法："这有什么稀奇的，我家住在五楼，我还在窗口看到过蜗牛呢！再说了，蜗牛虽然体型小，移动速度慢，但它只要执着地向前移动，也一样可以走很远的路，就像那首《蜗牛》里唱的……"

"我要一步一步往上爬，等待阳光静静看着它的脸，小小的天有大大的梦想，重重的壳裹着轻轻地仰望。我要一步一步往上爬，在最高点乘着叶片往前飞，小小的天流过的泪和汗，总有一天我有属于我的天……"欧阳若芸禁不住哼唱起来，或许是觉得自己的歌声有些突兀，她腼腆地笑了笑，"抱歉，我是情不自禁……"

"你的歌声非常应景，"说着，高一诺看向宋敢言，"小小的天也有大大的梦想，只要一步一步地向上爬，总有一天会有属于自己的天，连歌词都这么说，你为什么不相信蜗牛会走这么远的路？"

见高一诺咄咄逼人的样子，宋敢言甘拜下风。"好男不和女斗，算了算了，你说得有道理，我认输。"只是走出教室，他的态度却来了一个一百八十度的大转弯，"什么乱七八糟的，我才不相信蜗牛会爬到三楼呢！"

"我小的时候也不相信乌龟跑得比兔子快，"不知道在什么时候，魏东东站在了宋敢言的身边，"直到我完全读懂了《龟兔赛跑》的故事，我才明白了其中的道理——成功，绝非偶然。"

"这是两回事。"宋敢言撇撇嘴，就是不肯承认自己的观点是错误的，"兔子输给了乌龟，是因为兔子太过于轻敌，蜗牛可不一样，蜗牛跑得比乌龟还要慢呢！”

“那如果乌龟像兔子一样因为轻敌而偷懒，蜗牛岂不是依旧有获胜的机会？”说完这话，魏东东顿了顿，“言归正传，不管是兔子、乌龟，还是蜗牛，只要努力，都能到达终点。所以，我也相信那只蜗牛是从窗口爬进来的。”

见没有人支持自己的观点，宋敢言干脆耸耸肩，无奈地说道：“行，你们说得都对……”可是，话还没说完，他就觉得自己的胳膊肘好像沾上了什么东西，不看不知道，一看吓一跳，此时此刻，一只小小的蜗牛正奋力地从走廊的窗口爬进来，误打误撞地爬上了宋敢言搭在窗台上的胳膊肘。“天啊……”他倒吸了一口凉气，“这怎么可能！”

相比之下，魏东东却显得见怪不怪。“又有一只蜗牛从窗口爬了进来，”说着，他看了看窗外湿漉漉的地面，“或许是刚刚下过一场雨的缘故吧，蜗牛们都跑了出来，误把学校的墙壁当作树干了。”说完这句话，他转头看向愣在原地的宋敢言：“你目睹了蜗牛从窗口爬进来，现在，终于肯相信它的实力了吧？”

“相、相信了。”宋敢言呆滞地点点头，“只是，我还是觉得有些匪夷所思……”

“没有什么可惊讶的。拿林肯举例，他十五岁才开始学认字母，每天要走几公里的小路到学校读书，那个时候，没有一个人会想到，他长大之后会成为美国总统。他曾说，他之所以会有如此的成就，完全是因为一点一滴的努力。”说着，魏东东用手碰了碰蜗牛的脑袋，“以前我也觉得不可思议，一个比平凡人起点还要低的人怎么会当上总统呢？直到我读了他的故事，我才恍然大悟，他的成功不是偶然，而是努力后必然的结果，我也就不觉得奇怪了。”

“你这么一说，我好像明白了什么。”宋敢言接过话，“看来，是我太小看蜗牛了，我刚刚还和高一诺争辩，现在想一想，真是丢人。”

“只要功夫深，铁杵磨成针，”魏东东咧嘴一笑，“这个道理，无论在什么时候明白都不算太迟。”他拍了拍宋敢言的肩，说：“我们的‘修为’还不够，还要在学校继续‘修炼’，走吧，一会儿就要上课了。”

“走！”宋敢言搭上魏东东的肩，两个人就这样走进了教室。

与此同时，那只小小的蜗牛已经不知去向。听同学们说，有人担心它因为缺水过多而死，把它送到楼下的水池边了：还有人说，蜗牛觉得上课太无聊，于是又顺着窗口爬下去了……

但无论它去了哪儿，都感谢它曾经来过，因为它让同学们明白了一个道理——努力，就可以创造奇迹。

## 这是个善意的世界，终不会辜负有梦想的人

这个周末，云淡风轻。

和以往不同，周六的晚上，程石没有待在家里吃泡面，而是被程雨蒙带到了火锅店。直至他坐上了餐桌，接过服务生递来的开胃饮品后，他依旧不敢相信眼前的这一切是真的。

“姐！”他有些坐立不安，“我身上可没钱！”

“别怕，今天有人买单！”

程雨蒙的话音刚落，一个熟悉的身影出现，那人大步流星地走了过来，程石猛地惊叫出声：“爸？你怎么回来了！”

“我刚下飞机，给你一个惊喜，”程建伟边说，边把西装外套挂在了椅背上，“顺便，告诉你一个好消息。”

见程雨蒙坐在一旁憋着笑，程石恍然大悟。“怪不得这一路都神神秘秘的，原来你们父女俩串通一气，有事瞒着我！”说罢，程石看向程建伟，“爸，难道我不是咱们家的一员吗？您也太偏心了！”

程建伟爽朗地笑出了声，“其实也不是什么大事，只不过是在这一次的选题会上，我的小说被三家传媒公司同时看好，现在，就等着最后的洽谈签约了。”

“您的意思是说，《绝望前的黎明》真的要被拍成网络电影了？”程石强忍着内心的澎湃，深吸一口气。

“也有可能是网络电视剧，”程建伟抿了一口柠檬水，口气故作淡定，“所以，今天我带你们姐弟俩改善一下伙食，就当作庆功宴了。”

程雨蒙乖巧地举起橙汁，对着程建伟说：“爸，时间太过匆忙，来不及准备礼物，我们先预祝您梦想成真。”

“干杯！”水杯和水杯相撞，一家三口以饮料代酒，其乐融融。借此时机，程建伟转头问程石：“程石，我特别好奇，你的梦想是什么？我好像从来都没有听你说过你的梦想。”

梦想……

程石抿抿唇，不知道该说什么。说实话，“梦想”这个词对于他来说的确有些遥远，以前，他只是一味地争强好胜，希望可以成为万众瞩目的焦点，所以在他人的眼里，他总是一副桀骜不驯的样子。直到后来，他因为考试的失利一蹶不振，在那段黑暗的岁月里，他更不曾想过“梦想”是何物，即便现在他重新振作起来，他依旧对“梦想”二字避之不谈，所以当下，他显得有些犯难，支支吾吾了半天，也没有说出自己的梦想是什么。

或许是感受到了程石的为难，程雨蒙清了清喉咙，小声提示道：“老弟，想想看，你平时喜欢做什么，你希望长大以后从事什么样的工作？”

“我……”程石思来想去，也不知道如何回答这个从来都没有想过的问题。随之，他灵机一动，反问道：“姐，你的梦想是什么？”

“我？”突如其来的提问让程雨蒙一愣，“我觉得当个老师还不错，育人子弟，桃李满天下，是一份很有意义和责任感的工作，如果可以，我想当一名大学老师。”

“的确很适合你，”程石点点头，“你很有当老师的潜质，毕竟，你平时就很喜欢说教。”不知道是不是担心话题扯到自己的身上，程石急忙问程建伟：“爸，您的梦想已经快要实现了，那您下一步准备做什么？”

“当然是实现更大的梦想，我希望我的作品可以搬上影院，走向国际。”程建伟不假思索地回答，“这是我的终极目标。”

“凭咱爸的实力，肯定能够做到。”程雨蒙信心百倍，只是说完这话，她再一次看向程石，“老弟，你还没有说你的梦想是什么呢？你支支吾吾了半天也没有说出个所以然，难不成，你没有梦想？”

“我的确是……”程石欲言又止，尴尬地笑了笑，“我只能说，我对电子产品比较感兴趣。”

“既然如此，你可以做一个电子工程师。”程雨蒙想了想，“不过，我不希望你设计游戏机，而是多设计一些学习机，免得误人子弟。”

“你、你才误人子弟呢！”程石撇撇嘴，顺便翻了一个白眼。

见姐弟俩的感情一如既往的亲密，程建伟禁不住笑出了声。“好了，好了，无论你们的梦想是什么，只要与梦想同行，并坚持下去，就一定会有好的结果。”说罢，他再一次举起水杯，“这一次，是为了我们并不遥远的梦想干杯！”

“干杯！”

茫茫人海中，他们既是一家人，也是追梦人，各自怀揣着或大或小的梦想，甚至并不坚定的梦想，但是他们不约而同地相信，这是一个充满善意的世界，只要心中有梦，眼中有光，美好的一切都会到来。

# 第六章
# 在输得起的年纪，和不服输的自己相遇

## 有了目标，就有了诗和远方

时间如流水般飞逝而过，一眨眼的工夫，期中考试落下了帷幕。

功夫不负有心人。在这一次的期中考试中，程石获得全班第四名的好成绩，尤其是他的英语成绩，排名全年级第一，出乎意料的结果让孟嘉嘉对他刮目相看。这个午后，孟嘉嘉对程石竖起了大拇指："我以为你在开玩笑，没想到你是认真的。"

只是程石看起来并没有那么高兴地说："我当然是认真的，只不过成绩比我预期的还要差一些。没想到这一次考试，你们'三姐妹'又霸占了全班的前三名，我真是自愧不如。"

"你已经很优秀了，就连杨老师都说，你是一匹黑马，让我小心你呢！"说完这句，孟嘉嘉提议道，"不如，我们趁着午休时间，去趟图书馆？"

以往这个时候，程石都会摆摆手，说一句"要去你自己去"，可是今天，他却破天荒地答应了，还迫不及待地率先走出了教室。只是他不知道，等待他的不是一个惬意的午后，而是一次意外的重逢。

事情发生的经过，是这样的……

当时，程石一个人在"外国文学"的书架前阅览图书，一个不小心，他撞到了一个蹲在角落里的女生，只听哗啦一声，女生抱在怀里的七八本书全部掉到了地上。程石急忙蹲下身子，还不忘说了一句"对不起"。

“没关系。”女生的声音像蚊子一样小，但却有着独特的音色，让程石猛地抬起头来。

“你是……”程石看着女生急忙躲闪的侧脸，当他看到了她标志性的蒜头鼻时，试探地问：“你是邓晓琪？”

原本就有心事的邓晓琪立刻慌乱起来。“对不起，我早就知道你转到了我们学校，但是我怕你把我忘记了，所以刚刚看到你，我就躲了起来……没想到……没想到……”她竟有些语无伦次，“你还记得我……”

“我们在小学的时候还做过一个月的同桌，我怎么可能忘了你呢？”程石好奇地问道，“你在几班？”

“我在六班，”邓晓棋尴尬地扶了扶脸上的近视眼镜，但始终不敢看程石的眼睛，“我听说你是这一次期中考试的‘英语状元’，比我们班的汪一喆还高出几分，恭喜你！”

“没什么，”说罢，程石看向邓晓琪脚下的那些书，“你拿这么多书……做什么？”

“我……我……”邓晓琪有些难以启齿，“全班只有我一个人没有参加社团活动，老师让我这一周必须要报名参加一个社团，我不知道应该选择哪个，于是就……就……”说到这儿，邓晓琪又低下了头。

“所以，你就找到了这些书，准备在其中选择一门感兴趣的？”说着，程石拿过她手中的那本《乐理大全》，心直口快地道，“这么专业的书，你看得明白吗？依我看，你这是白费力气。”

“看不明白……”邓晓琪实话实说，“所以我现在更加迷茫了……”

面对此情此景，程石也不知如何是好，无奈之下，他只好找来了孟嘉嘉为他出谋划策。当得知了事情的来龙去脉时，孟嘉嘉笑了笑道：“难道，你没有一个大致的目标吗？举一个最简单的例子，平时，你更喜欢看电视剧多一些，还是电影多一些？”

“电影多一些。”邓晓棋乖乖回答。

“那么，你更喜欢哪一种类型的电影？刑侦类、古装类、悬疑类，还是喜剧类？”孟嘉嘉又问。

邓晓琪把手放在下巴上想了想，说：“喜剧吧，平时我还是更喜欢看喜剧电影多一些。”说到这儿，她大为不解地看着孟嘉嘉问：“请问……这两者之间有什么关系吗？”

“当然有，”孟嘉嘉神秘地眨眨眼，“选择社团，其实就像是选择电影一样简单，只要明确目标，知道自己喜欢什么，想要什么，才会在最短的时间里做出最正确的选择，就比如我，我喜欢唱歌，我就报名了合唱社，没有什么可犹豫的。”

“我不喜欢唱歌……”邓晓琪犹豫着，“我和你不一样，我唱歌很难听。”

“每个人追求的东西不一样，目标也会不一样，我有我的爱好，你有你的爱好，只要你明确自己想要的是什么，就足够了。”提示到了这儿，孟嘉嘉莞尔一笑，“怎么样，有点儿头绪了吗？”

“如果说爱好……我平时喜欢乱涂乱画，”说这话的时候，邓晓琪看起来有些难为情，“但是我没有专业的美术功底，画出来的东西连我自己都不满意。”

“我听说，最近新开设了一个漫画社团，是几个喜欢画漫画的学生组织成立的，正在招社员。”孟嘉嘉道，“相对于专业性较强的美术社团，漫画社团更加天马行空，是不是更适合你呢？”

“漫画社团……”邓晓琪原本黯淡无光的眼睛忽然间亮了起来，“听起来还不错，我很喜欢。”

“既然如此，那你还犹豫什么？”孟嘉嘉眨眨眼，“有了目标，就去行动吧！”

回去的路上，程石对孟嘉嘉道：“刚刚多亏了你，如果不是你，我真不知道应该怎么办才好。”

“其实，是她自己帮了她自己，我只是在引导她而已。”孟嘉嘉边说，边看路边的风景，“她之所以一直纠结，是因为没有明确的目标，当她找到了自己喜欢的、想要做的事情时，难题就自然而然地不攻自破了。”

“有道理，”程石点点头，“人如果没有目标，就等于无头苍蝇，永远找不到出口，看来，我也要给自己制定一个目标，选择一个更适合自己的社团了。”

“你不是加入学校国旗队了吗？”孟嘉嘉停下脚步，猛地想起了什么，“对了，你好像很久没有参加训练了。”

“我退出了。”程石抱歉地笑了笑。“国旗队每天早上都要训练一个小时，我不是怕吃苦，而是我发现那一个小时我可以做更多的事情，我可以背二十个英语单词，做十几道习题，虽然有些不舍，但为了学习，我还是忍痛割爱了……”说到这儿，他看着孟嘉嘉问，“你会不会觉得，我很自私？”

“当然不会。”孟嘉摇摇头，“每个人都有自己的选择，只要选择是对自己有益的，就是正确的。现在，你一门心思地想要提高学习成绩，这是一件好事，也是一个正确的目标，所以，我支持你。”

没错，目标是人们前进的动力。如果没有目标，就等于在海浪中随波逐流的帆船，永远不知道会飘向何方。所以，无论是在学习中，还是在生活中，都要明确自己的目标，它会助你一臂之力，让你更好地成长。

## 改变态度，让学习成为一件好玩的事

自从程石的学习成绩突飞猛进，成了年级的“英语状元”，江柯再也不敢小看他了，反而对他毕恭毕敬起来，一时之间，搞得程石浑身上下哪里都不自在。

这天晚上，江柯又凑到了程石的面前，他见程石正在专心致志地写数学作业，便清了清喉咙打岔道：“喂！隔壁寝室的‘张老大’今天过生日，说要邀请咱们寝室的人一起庆祝，你说，咱们送点什么好？”

“随便。”程石头也不抬，口气一如既往的冷淡。

“别啊！你帮我出出主意。”江柯跺了跺脚，扭扭捏捏的样子像是女孩子，“咱们寝室里，就你最聪明！”

“那就送他一本练习册，”程石边说，边把抽屉里刚买的几本练习册扔到了床上，“你挑一本，费用算我的。”

“练、练习册？”江柯还以为程石是在开玩笑，“别闹了，哪有送礼送练习册的，如果有人把练习册当礼物送给我，我一定会和他绝交的！”

“为什么？”一听这话，程石想不通了，“这些练习册，可是我用辛辛苦苦攒下的零花钱买的，不比你们玩的那些‘英雄卡片’便宜。”

“这不是价钱的问题，而是……”江柯一时语塞，干脆一股脑地把练习册塞回给了程石，“我知道我们以前误会你了，以为你学习成绩很差，但其实你学习成绩很优异，只是人和人不一样，不是人人都喜欢学习的。总之，送什么都行，除了练习册。”

程石诧异地皱起眉头，说：“其实学习是一件很好玩的事情，你们为什么那么排斥？难道和以前的我一样，想要自我放弃？”

“好玩？”江柯还以为自己出现了幻听，“拜托，你和一个全班成绩倒数第一的人说学习好玩？别逗了，学习又不是玩游戏！”

“在我看来，学习就是玩游戏，”程石一本正经的样子不像是在说谎，“就像是游戏中的打怪升级，只不过，书本上的‘怪物’是一个个知识点，当你学会了知识点，能够正确地做出相关的习题时，就代表着升了一级。”

程石说得头头是道，但是听在江柯的耳朵里，却完全变了味。隔日，他哭笑不得地将这件事情讲述给欧阳若芸听，还不忘嘲笑出声：“这个小子，竟然把‘学习’和‘游戏’混为一谈，你说，他是不是只顾着学习，脑子坏掉了？”

殊不知话音刚落，欧阳若芸就惊呼一声：“对啊！这么有趣的学习方法，我怎么没有想到？”

“你、你说什么？”江柯顿时一个头两个大，“亲爱的欧阳若芸同学，你究竟有没有在听我说的话？我是说，程石的脑子坏掉了。”

“我听着呢，”欧阳若芸微微一笑，接着恍然大悟地道，“说实话，我最近常常因为做预习作业而厌烦，尤其是碰到了难以理解的知识点，恨不得马上就关灯睡觉。如果我使用程石的学习方法，把学习当作‘游戏’，把每一个知识点当作‘怪兽’，这样一来，会不会有趣得多？”

见欧阳若芸完全沉浸在自己的幻想中，江柯是回答也不是，不回答也不是，最后干脆抬起屁股，转身走人了。殊不知这个时候，魏东东追了上来问：“江柯，你刚刚在说什么‘游戏’？快说给我听听。”

“我是说，程石那小子竟然把学习当作游戏，把知识点当作‘怪物’，要‘打怪升级’。”江柯耐着性子又重复了一遍，“更为不可思议的是，欧阳若芸竟然觉得程石说得有道理，还要学习他的学习方法呢！你说奇怪不奇怪？”

“把学习当‘游戏’……”魏东东好像发现了新大陆一样咦了一声，“确实有点儿道理，这个方法好！”

“怎么连你也这么说！”此时的江柯只觉得自己像是一座孤岛，完完全全地被孤立了，“你们是不是串通一气，想要整我？”

“才不是呢，我是真的觉得这个方法不错。”魏东东回答。

“可我为什么不这么认为……”江柯顿了顿，“我觉得把‘学习’当作‘游戏’对待，简直是天方夜谭。”

“或许是态度不一样吧。”魏东东说出了关键点。“我们喜欢学习，所以我们在寻找更适合自己的学习方法，尽可能避免学习时的枯燥。”说到这儿，他看向懵懂的江柯，“对于你这种不喜欢学习的人来说，就更应该端正学习态度了。我建议你，也试一试程石的学习方法，说不定，你也会因此而喜欢上学习。”

“喜欢上学习？恐怕这一辈子都不可能了。”江柯连想都没想就拒绝了魏东东的提议，“你就不要劝我了。”

“当初的程石也是这么说的，现在，还不是成了‘英语状元’？”说着，魏东东挑挑眉，“你不觉得，那是一个很酷的头衔吗？”

“话虽这么说，但是我……”江柯欲言又止，最后干脆破罐子破摔，“反正我是做不到。”

“做得到，做不到，要做了才知道。”魏东东这句话说得像是绕口令。“我倒是觉得，比起江柯再获足球比赛冠军，江柯成了‘学霸’更加炫酷。”说着，魏东东吹了个口哨，“时间不等人，我要去教室里‘打怪升级’了，你啊，还是一个人好好地想一想，端正自己的学习态度吧！”

说实话，江柯并不理解魏东东口中所谓的态度究竟是个什么概念，但是“学霸”，对他来说可是可望而不可即的一个词语，只可惜，江柯还是没有完全明白这个道理——千里之行，始于足下。很多时候，态度决定一切，对于学习而言，也是如此。

## 学会在书籍里找寻另一个自己

这一日，孟嘉嘉又在图书馆遇见了仅有一面之缘的邓晓琪。

邓晓琪一个人坐在书架前，捧着一本书看得津津有味。孟嘉嘉小心翼翼地凑到了她的面前，见她看的正是自己前不久刚刚借阅过的《一只猫的使命》时，她禁不住开口：“这本书很好看。”

见眼前的人是孟嘉嘉，邓晓琪腼腆地一笑，说：“是的，我很喜欢书里的这只黑猫，它的家人都惨遭了不测，它也险些在河中遇难，可是它依旧热爱生活。它帮助天鹅把水貂赶走，又帮助天鹅把天鹅的爸爸救出来，还救了自己的同伴。虽然一路危机重重，但是它从来都没有忘记自己的使命——帮助别人。我想要学习它乐观开朗、乐于助人的精神，和它相比，我简直就是一个‘闷葫芦’。”

“‘闷葫芦’？”孟嘉嘉险些被这个奇怪的形容词逗笑。“没那么夸张，每个人的性格都不一样。就好比我们班级的江柯，他大大咧咧，不爱学习，但是他热情开朗，有很多朋友。还有宋敢言，他说话口无遮拦，总会在无形中得罪很多人，可是同学们都很喜欢他敢爱敢恨的性格。你的小学同学程石也是一样，他性格古怪，甚至有些偏激，但骨子里是一个积极向上的人。”说着，她莞尔一笑，“你呢，在我看来有些内向，有些迷糊，但是我依然很希望和你做朋友，因为我们有共同的爱好——喜欢看书。”

听孟嘉嘉这么一说，邓晓琪竟觉得有些不好意思，说：“我从小就喜欢看书，每一次我过生日的时候，我妈妈问我想要什么生日礼物，我都会不假思索地说‘我想要书’。我什么书都看，尤其喜欢看天马行空的图书，比如《苏菲的世界》《织梦人》《小王子》……”

“《苏菲的世界》一直被我珍藏在书柜里，”找到共同话题的孟嘉嘉滔滔不绝地打开了话匣子。“起初，我之所以关注这本书，是因为苏菲和我一样，都是十四岁。后来，在书中我了解到，苏菲是一个不擅交际，有些挑剔和叛逆的女孩，尽管如此，我还是被她喜欢深思的特质深深地吸引了。为了弄清楚‘你是谁？世界从哪儿来？’这些深奥的问题，她踏上了哲学之路，当她知道自己其实是艾勃特·纳格为了逗她女儿席德开心而创造出的角色时，她鼓起勇气与书中的世界抗衡。这个故事虽然有些天马行空，但充满奇幻和哲学的色彩，我非常喜欢。”

一口气说了这么多，孟嘉嘉抱歉地咧开嘴角，“真是对不起，一谈到我感兴趣的话题，我就说个不停。”

“没关系，”邓晓琪摇摇头，“我非常喜欢听你讲书中的世界，也很喜欢书中的每一个角色，因为我可以在他们的身上看到我的影子，有些是我具备的特质，有些是我不具备但想要拥有的特质，有些是我想要改正的特质，我希望书中的世界可以让我变得越来越好。”

此时此刻，两个因为“书”而结识的女孩忽然有了一种相见恨晚的感觉。孟嘉嘉出了一个主意：“不如，我们向学校申请，成立一个读书社团吧！你做社团团长，我做你的助理，这样一来，就会有更多人和我们一样，发现读书的乐趣了。”

这是一个好主意，可是对于邓晓棋来说，却是一个难题。“我做社团团长？”她不自信地说，“我会把事情搞砸的！况且，我刚刚加入了漫画社团，我担心自己力不从心……”

“有我帮助你，怕什么？”孟嘉嘉歪着头，想了想，“大不了，我把程石叫过来帮你，还有我的好朋友欧阳若芸和高一诺，她们都和你一样，非常友善，而且非常喜欢看书，我相信，你可以和她们成为好朋友。”

“真的吗？”邓晓琪顿了顿，“我真的可以做好，并且交到很多朋友吗？”

“当然了，你要对自己有信心，而且，我从来都认为，喜欢看书的人运气都不会太差，因为书籍带给读者的不仅仅是一个天马行空的世界，更多的是让人从故事中学会道理。你喜欢看书，自然明白很多道理，所以，我对你有百分之百的信心。”

孟嘉嘉动之以情，晓之以理。不知道是不是她的真诚让邓晓琪动容，犹豫了许久，邓晓琪不再拒绝，而是轻轻点了点头，脱口而出：“那好，既然你相信我，那我就试一试吧！”

“太好了！”孟嘉嘉没能掩饰住脸上的喜悦，兴奋地道，“现在我宣布，读书社团的前期筹备工作，正式开始！”

“喂！”邓晓琪急忙捂住了孟嘉嘉的嘴巴，“这里是图书馆，要安静！”

孟嘉嘉的脸唰地红成了一片。“对、对不起，我太激动了，忘记了……”说着，她抱歉地笑了笑，“好在周围没人，不然我就糗大了！”

“是‘我们’，”邓晓琪半开玩笑地拉长了尾音，“既然读书社团的事情已经定下来了，我就要抓紧时间多读一些书了，这样，才能做一个合格的社团团长，我可不希望到时候我们的社员因为我读的书少而小瞧我。”

“我们一起，”孟嘉嘉挽上了邓晓琪的胳膊，“走，我们现在就去借书！”

书籍是知识的源泉，是人类进步的阶梯。拥有智慧的人，都是喜欢读书的人，因为他们善于从书籍中找寻希望和力量，甚至在书籍里找寻另外一个自己。这种神奇的魔力，会促使他们获得进步、获得成功。

## 挖掘自己的潜能，你也是明日之星

这个周日，宋敢言不同以往，在傍晚六点前就踏入了寝室。

“你今天为什么回来这么早？”魏东东见宋敢言拎着大包小包，急忙放下手中的水壶前去帮忙。猛然间，一阵甜香扑鼻，他禁不住问了一句：“你买了什么好吃的？难道是面包？”

“我带来了几个松塔千层酥，”说这话的时候，宋敢言得意地挑挑眉，“特地带来给你们尝一尝。”

一听到有美味的糕点，原本躺在床铺上昏昏欲睡的江柯立刻清醒了很多。他一个鲤鱼打挺坐起身，对着魏东东道：“给我一个，我都快饿死了！”他对着宋敢言嘿嘿一笑，说：“哥们儿，还是你最好！”

说这话的时候，魏东东已经将松塔千层酥递给了江柯，顺便也给刚回到寝室的程石递了一块道：“快尝尝，这是宋敢言带回来的松塔千层酥。”程石接过松塔千层酥，轻轻咬了一口，霎时，松脆的口感让他惊奇地睁大了眼睛。

宋敢言迫不及待地问道：“怎么样？味道如何？”

“不错，味道好极了！”江柯吧唧着嘴，接过了话，“比我在超市里买的好吃一百倍，我猜，你一定是在蛋糕店里买的吧？”

“不是。”宋敢言神秘地摇摇头，好像藏着什么秘密。

“难道是你家人做的？”魏东东边说，边擦了擦沾在嘴角的麦片，见宋敢言没有摇头，他自顾自地道，“怪不得你这么神气，原来这个松塔千层酥外面买不到。”

或许是迫不及待炫耀自己的“新技能”，宋敢言清了清喉咙，拍了拍胸脯道：“魏东东只猜对了一半，你们现在正在吃的松塔千层酥，的确是我从家里带过来的，但它不是我的家人做的，而是我做的！”

“你做的！”大家你看看我，我看看你，一脸的不可思议。

“就是‘本大厨’我做的！”宋敢言得意扬扬地耸耸肩，“我也没有想到，我第一次尝试着做糕点，竟然会这么成功，除了松塔千层酥，我还做了蛋挞和巧克力派，只是太好吃了，全被我家人吃光了。”

听到这儿，一直没有说话的程石动了动因为震惊而僵硬的嘴角："真是人不可貌相，看你平时虎头虎脑的样子，根本就想象不到你竟然会做糕点。"

"没错，"魏东东点点头，"就算是让我猜一百次，我也猜不到。"

见当下的气氛和自己预想的一模一样，宋敢言拍拍手，故作轻松地道："其实做糕点没有你们想象的那么难。就比如松塔千层酥，将处理好的面团擀成薄片，再将体积较小的黄油片放在面片上，让面片用交错的方式裹住黄油片。接着，将面片的四角对折，用擀面杖将其左右伸展，当擀成长方形时，再在三分之一处左右折叠，反复这个过程，直至完成三次折叠……"说到这儿，他看向呆若木鸡的江柯，问："你怎么了？"

"没、没什么，"江柯急忙摆摆手，"你接着说。"

宋敢言接着道："折叠好的面片放入冰箱冷藏，半小时后取出，再重复三次折叠，再一次放入冰箱冷藏。然后，将松弛的面饼擀成三毫米的薄片，裁剪成长六厘米宽三厘米的长方形放入烤箱，烘烤四十分钟后取出，最后，将白巧克力淋在表面，再将烤好的杏仁片和麦片撒上去，再淋一层白巧克力，等巧克力凝固，就大功告成了！"说罢，他仰起头，得意地问了一句："听起来是不是很有趣？"

"很……复杂。"魏东东尴尬地一笑，"不太有趣。"

"怎么可能？"说得口干舌燥的宋敢言咕咚咕咚喝下了半瓶矿泉水，"我可是乐在其中。"

"那是你，不是我们，我们并没有做糕点的天赋。"江柯笑了笑，打了个圆场。只是一提到天赋，他灵机一动，"宋敢言，你不是说你打算长大之后学一门手艺吗？依我看，你很有做糕点师的潜质！”

“我也这么认为，”魏东东像是上课回答老师问题一样的举起手。“你可以自己开一家蛋糕店，或是到西餐厅做甜品师，你的糕点一定会大受欢迎的！”说完这话，他看向程石，“你觉得呢？”

“我？”程石指了指自己的鼻子，“我觉得还不错，我在书上看到说，甜的东西可以给人幸福的感觉，甜品师的职业可以带给别人幸福，再加上你自身的天赋，所以我觉得，你可以尝试着挖掘自己的潜能，说不定，梦想很快就能变成现实。”

听到这儿，宋敢言疑惑出声：“你们……真这么觉得？”

“真的，”魏东东一本正经地拍了宋敢言的肩，“人一切的行为表现，都是思想的结果。只要你下定决心成为一名甜品师，你就一定可以成为甜品师。相信你自己，发挥自己的潜能，就一定能有所作为。”

没错，相信你自己，发挥自己的潜能，就一定有所作为！魏东东这句话不单单是对宋敢言说的，也是对寝室里的每一位好友的祝福。他真挚地希望，在不久以后的将来，他们四位因“缘”相识的大男孩，都可以实现自己的梦想。

## 克服自卑心理，你就是人生赢家

孟嘉嘉和邓晓琪成立的读书社团，人气前所未有的高涨。在贴出公告的第一天，就有三十多个学生报名参加，为了让同学们更好地阅读，老师还为社团的成员们提供了一间单独的阅览室，书法社团的成员还自发送了一副对联——立志读遍天下书，发奋识遍天下字，横批是——学无止境。

这一天下午，读书社团里来了一个客人。

眼前的女孩个子不高，梳着高高的马尾辫，看起来神清气爽。邓晓琪只觉得她有些面熟，但却叫不上名字，直至孟嘉嘉姗姗来迟，这才惊呼出声：“陈冰？”她上上下下仔仔细细地打量了一番，说：“也就两个星期没见，你怎么像变了一个人一样？”

没错，以前的陈冰因为自卑，总是留着厚重的刘海，把头压得低低的，但是现在的陈冰却焕然一新，她不但露出了额头，就连走路也变得抬头挺胸，最令人惊叹的是她竟然瘦了十几斤，再也没有人嘲笑她是“猪”了。

似乎是意识到了自己出现得突兀，陈冰腼腆地笑了笑。“我这次来，是申请加入读书社团的，虽然我看的书不多，但是我励志要向你们学习，读很多书。”说着，她看向孟嘉嘉，“还有，我一直想要感谢你，是你和你的朋友们帮我重拾了自信，我才变成了现在这个样子……”

“谢什么，大家都是好朋友，相互帮助是应该的。”说罢，孟嘉嘉莞尔一笑，“欢迎你加入读书社团。”

这是陈冰第一次走进阅览室，她见周围都是静悄悄的，说话的音量也降了下来：“在读书社团里，都要做些什么？”

“看书，分享自己看过的书，推荐自己喜欢的书。”孟嘉嘉对答如流，“我们每周五都有‘品书会’，参与的同学可以提前准备一篇读后感，或是分享书中有意义的片段，形式不限。”说着，她带着陈冰来到了最后一张书桌前，对着她小声道：“坐在角落里的男生叫蒋涛，他的性格有些古怪，只会看书，从不说话。”

“蒋涛？”陈冰倒吸了一口凉气，“他是隔壁班的同学，前几天还因为和我们班的男同学发生了口角而逃课呢！”

“真、真的假的！”孟嘉嘉没能掩饰住脸上的惊愕，“他为什么和你们班男生吵架？”

“都是我们班男生的错，”陈冰深叹一口气，“蒋涛的膝盖上有伤，走路一瘸一拐的，我们班男生见他很好欺负的样子，于是给他起了一个‘不倒翁’的外号，就因为这件事情，他们闹了不愉快。”

“你们班男生真是讨厌，为什么给别人起外号！”说罢，孟嘉嘉又问，“那他们现在和好了吗？”

“怎么可能，我们班男生不肯道歉，蒋涛只能自认倒霉。只不过，他好像变得更加自闭了。”陈冰看着孟嘉嘉说，“我觉得蒋涛和以前的我很像，有些孤僻，有些自卑，他需要别人的开导。”

“你说得没错，而且，我已经找到最合适的人选了。”只见孟嘉嘉神秘地眨眨眼，“这个人……远在天边近在眼前。”

“我？”陈冰把头摇得像拨浪鼓，“我不行！”

“没有人比你更行的了，你可以用你的真实经历和他交流，让他感受到你的变化，这样一来，问题就解决了。”不顾陈冰的反对，孟嘉嘉连拖带拽地把她带到了蒋涛的面前。“蒋涛，这是陈冰，她是校园广播的广播员，也是咱们社团新来的社友。”说完这句话，她替陈冰拉开了椅子，“请坐。”

事已至此，陈冰只能硬着头皮道：“你好，我叫陈冰，我们见过面。”见蒋涛无动于衷，她尴尬地笑了：“你……是不是还在生我们班男同学的气？我替他们向你道歉，对不起，是他们的错。”

或许是觉得眼前的女孩没有敌意，蒋涛缓缓抬起眼，呢喃了一句：“你竟然向着我说话？”

“我不向着任何人，我只是就事论事。”借此时机，陈冰说出了自己的故事，“我也非常讨厌他们，他们傲慢无礼、目中无人，总爱给人起外号，他们还骂我是‘猪’，实在是过分！”

听到这儿，同病相怜的蒋涛顿了顿，道：“他们的确很过分，总在别人的伤口上撒盐，如果可以的话，我也不希望我走路一瘸一拐的。因为他们，我变得更加自卑了。”说着，蒋涛垂下眼帘，又变得沉默起来。

“你真傻。”陈冰劝说道，“你为什么要拿他们的错误惩罚你自己呢？他们不懂得尊重你，嘲笑你的痛处，那是他们的错，和你没有任何关系。你应该坚强一点儿，而不是受他们的影响，这正中了他们的下怀。”

陈冰连说带比画，字字句句头头是道，让蒋涛无力反驳。“可是我……”他支支吾吾了半天，也没能说出个所以然，“我没有办法像你一样，那么乐观开朗，我非常敏感，痛恨一切侮辱我的行为。”

“那你不觉得辛苦吗？”陈冰又问，“躲在角落里，总是压抑自己的情绪，任凭压力将自己击垮，你变得越来越自卑，越来越不相信自己，因为看不到希望而一蹶不振，难道，你希望过这样的人生吗？”

面对陈冰的质问，蒋涛沉默了许久，终于摇了摇头。

陈冰趁热打铁，说：“人无完人，每个人都有自身的缺陷，也有自身的优点，不要因为他人的无知，拿着放大镜看自己的缺陷。接受自己的不完美，也接受这个世界的不完美，多看看美好的一面，这样一来，你的心态就会发生转变，你会发现，你所经历的一切，都是过眼云烟。”

没错，接受自己的不完美，也接受这个世界的不完美，放眼看看美好的一面，你会发现，生活的美好无处不在。面对陈冰苦口婆心的劝说，蒋涛陷入了沉思，没有人知道他会如何选择，但不管结局怎样，他会永远记住陈冰的这番话，还有她对他最美好的祝愿。

## 心中无敌，就能无敌于天下

自从在读书社团和蒋涛进行了面对面的交流之后，陈冰的心里怎么都不是滋味，尤其是当她看到班级里那几个不知天高地厚的“臭男生”时，她真的替蒋涛觉得不值。这天中午，她毅然决然地找到了罪魁祸首——李子雷，硬着头皮对他道：“李子雷，你不要太过分了。”

还在状况外的李子雷先是一愣，紧接着讥讽地一笑，说：“这不是那个胖子吗？怎么？好久没有叫你的外号了，有了后台翅膀硬了？”

“你怎么嘲笑我我都无所谓，因为我现在根本就不在乎，但是，请你不要嘲笑隔壁班的蒋涛，你要知道，你的一举一动、一言一行代表的不是个人，而是咱们整个班级。”说着陈冰深吸一口气，“我希望你亲自和他道歉，并向他保证以后再也不取笑他了。”

“我？向他道歉？”李子雷仿佛听到了一个大笑话，“拜托，有没有搞错！就算是天塌下来我都不可能向任何人道歉，何况是他！”

“你太固执了！”面对李子雷的桀骜不驯，陈冰没有丝毫的惧怕，“明明就是你的错，你为什么不肯认错呢？”

谁知听到这儿，李子雷却神秘地一笑，凑近了道：“陈冰，你为什么那么关注那个小子，替他打抱不平，难道你……”

“别胡说！”陈冰一声低吼，强忍着不满的情绪耐着性子道，“我是路见不平，拔刀相助，因为我和他同病相怜，曾经我也常常被你们取笑，所以我知道被人取笑的滋味有多不好受，你没有办法感同身受，你就不要乱说话。”

“真的？”李子雷眉梢轻挑，丝毫没有悔改之意，反而变本加厉地咧开嘴角，“你不肯承认，那我只好亲自问问他了……”

陈冰做梦都没有想到，事态会朝着不可控制的方向发展。明明是一番好意，如今却好心办坏事。她急忙阻拦说：“不行！你不能去！”可局势的发展出乎了所有人的预料，就在这时，事情的主人公——蒋涛，竟然自己找上门来了……

“蒋涛？”陈冰难以置信地揉了揉眼睛，“你怎么来了？快回去！”

“我这次来，是想要找李子雷的。”说罢，蒋涛看向李子雷，一字一顿地道，“我想要找你谈谈。”

“有趣，真有趣！”李子雷拍了拍手掌，口吻一如既往地带着一丝嘲讽，“难不成，还想让我给你起新的外号？”

“随便你。”蒋涛就像是换了一个人一样，他没有逃避，而是勇敢地直视李子雷的目光，“我找你，就是想要告诉你，从现在开始，无论你给我取什么外号，我都不会生气，也不会因此而不开心了。”

“你这是向我宣战？”出乎意料的发展让李子雷顿了顿，“拜托，你打不过我，也骂不过我，你有什么资格向我宣战？”

“我不是向你宣战，我是想要和你做朋友，至少，我不会把你当作敌人了。”说完这句话，蒋涛看向站在一旁目瞪口呆的陈冰，“陈冰，谢谢你前几天和我说的话，我想通了，心中无敌，就能无敌于天下，我现在什么都不怕了。”

“啊……好……”陈冰咽下了因为忐忑而滋生的唾液，随后，她看向同样一脸震惊的李子雷，“现在……现在怎么办？”

“怎么办？”李子雷竟反问陈冰，“你说怎么办？”

“你问我？”陈冰指了指自己的鼻子，差点儿笑出声，“拜托，这还有什么好犹豫的？化敌为友，多好的机会！”

“和他？”李子雷瞅了瞅正盯着他看的蒋涛，霎时，从未有过的压力让他有了落荒而逃的冲动，他丢下一句“不可能”，就逃之夭夭了……

当下，走廊里只剩下了蒋涛和陈冰两个人，气氛前所未有的融洽，陈冰莞尔一笑，率先开口道：“看到你能够重新振作起来，真好。”

“都是你的功劳。”蒋涛的口气也变得平和了起来。“那天听了你的真实经历，我回去反省了很多。你说得没错，人人都有自己的优缺点，不必太在意别人的眼光，我虽然没有那么优秀，但是我也没有那么糟糕，我不应该因为别人的错误而惩罚我自己……”说到这儿，他低头浅笑，“所以，我决定放宽心，尽管他曾经伤害过我，我也不再把他当作敌人或对手，只有逾越了心中的这条鸿沟，才能解决问题。”

“你说得太好了！”陈冰禁不住给蒋涛点了一个赞，“就像是你说的，心中无敌，才能无敌于天下。和我们班的李子雷相比，你真的很优秀！”

没错，一个人如果一味地逃避问题，或是只想着如何战胜他的对手和敌人，那么他的心胸就会变得越来越狭隘、越来越计较得失，最终不仅浪费了时间和精力，还会因此而错过很多机会。相反，一个真正聪明的人，从不患得患失，也从不用他人的错误惩罚自己，因为他知道，最强劲的对手永远都是自己。

## 成长，为了和更优秀的自己相遇

成长，就意味着在人生的道路上一次又一次地寻找自己、突破自己。

时间就像是上快了发条的时钟，一眨眼的工夫，就进入了期末模拟考前的冲刺阶段。面对压力，同学们个个铆足了精神，做最后的复习准备，就连平时最讨厌学习的江柯也在大家的学习气氛的带动下，收了心。

这天晚上，江柯拿着物理练习册凑到了程石的跟前，说：“程石，这道题怎么做？快教教我。”

程石只是瞄了一眼，就冷言冷语地道：“这是老师在课堂上反复强调的知识点，课本上写得很清楚。”

“可是我找不到。”江柯摆出了一副可怜相，“程石，咱们兄弟一场，你总不能见死不救吧……”

江柯的话还没说，程石就无奈地摇了摇头，脱口而出：“58 页。”

半信半疑之下，江柯急急忙忙地翻开了物理课本，果真在 58 页找到了试题中的知识点，他禁不住惊呼了一声：“太神奇了！你怎么知道答案在 58 页？难不成，你有未卜先知的超能力？”

“我没有什么超能力……”程石头也不抬，慢条斯理地道，“我之所以知道页数，是因为我已经把一整本物理书全部都背了下来。”见江柯愣在那里不说话，他轻描淡写地加了一句：“喂！别用看‘外星人’一样的眼神看着我，你如果把平时玩耍一半的时间用在学习上，你也可以做到。”

说这话的时候，魏东东和宋敢言推门而入，见程石依旧坐在书桌前，魏东东关切地开口：“程石，你已经两个小时没有休息过了，只是一次模拟考而已，你要不要这么拼？我真是怕了你了……”

“不管是不是为了模拟考，我今天晚上必须要把所有的英语课文全部默读一遍。”说着，他抬头看向宋敢言，“你怎么回来了？你不是要去打篮球吗？”

“别提了！”宋敢言一脸的失落。“原本我和隔壁班的几个男生约好一起打篮球，可是他们临时变卦，跑到图书馆里自习了。”说罢，他深叹一口气，“现在，但凡不学习的人都显得与大家格格不入，我要是再不学习，就会被人当成怪物看了。”

听到这儿，江柯笑出了声：“哈哈哈，我早就和你说了，体育馆没有人，你要向我学习，好好读书，天天向上。”

霎时，宋敢言翻了一个白眼：“五十步笑百步！你啊，还是好好地看你的物理书吧！”

是啊，在这个不努力就会被淘汰的年代，你稍微一放纵，就会显得格格不入。毕竟，没有人会拿自己的前途开玩笑。就像是此时此刻的程石，他憋着一股劲，一心想在这一次的模拟考中取得班级前三的成绩，同时，他也知道，他人生的道路，才刚刚开始。

这就是成长馈赠给人们的礼物。

它不会像师友一样教导你，也不会像家人一样批评你，但它会春风化雨般地在你的耳边提醒你，引领你走向正轨，和你一起寻找属于自己的道路。它会让自卑的人变得勇敢，让狂傲的人变得谦卑，让堕落的人变得坚强，更重要的是，它会让你清晰地认知自己、改变自己，并且对你不离不弃。

所以，正处于青春时代的你更要懂得成长的意义。成长，绝对不会纵容你的坏脾气，也不会让你的固执肆意生长，它会让你懂得先苦后甜的道理，让你明白，眼前的得失输赢并不能够代表你的一生，但你如果不肯成长，你就会毁掉自己的一生。

人生的路要自己走，无论是山峦沟壑，还是羊肠小径，每个人走过的、看过的都是独一无二的风景。这一路，或欢喜，或悲伤，但无论如何，相册中的主人公都是你。你笑还是不笑，镜头都在那里，它记录的是你的成长，是只属于你自己的人生。

奔跑吧！少年。

没有一蹴而就的辉煌，在挫折面前永不妥协，即使能力有限，也要全力以赴。只有奋力前行，你的未来，才会闪闪发光。